Jürgen Heyde

GESCHICHTE
POLENS

Verlag C. H. Beck

Mit 3 Karten

Originalausgabe
© Verlag C.H. Beck oHG, München 2006
Gesamtherstellung: Druckerei C.H. Beck, Nördlingen
Umschlagentwurf: Uwe Göbel, München
Printed in Germany
ISBN-10: 3 406 50885 5
ISBN-13: 978 3 406 50885 1

www.beck.de

Inhalt

Vorwort   8

**Vom Eintritt in die europäische Geschichte
bis zur Einigung der polnischen Länder**   **9**
Herrschaftsbildung und Christianisierung   9
Die Grundlagen der Fürstenmacht im 11. Jahrhundert   11
Die Zeit der Teilfürstentümer   13
Landesausbau und Kolonisation   16
Einigung unter einer Krone 1320   18

**Das 14. und 15. Jahrhundert:
Die Entstehung einer Großmacht**   **19**
Strukturen des neuen Königreichs   19
Die Union mit Litauen
und der Konflikt mit dem Deutschen Orden   22
Die Jagiellonenmonarchie am Ende des 15. Jahrhunderts:
ein multiethnisches und multikonfessionelles Großreich   24

**Polen als «Adelsrepublik»?
Die innere Verfassung im 16. Jahrhundert**   **28**
Monarchia mixta: König, Landtage und Reichstag
(1454–1569)   28
Bürger, Juden, Bauern   30
Polen und Litauen: Der Weg zur Union von Lublin 1569   31
Reformation, katholische Erneuerung und die Kirchenunion
von 1596   33

**Europäische Großmachtpolitik zur Zeit
der Religionskriege**   **35**

Außenpolitische Weichenstellungen und neue Konflikte   35
Wahlkönigtum und Aufstieg der Magnaten   37
Militärische Bedrohung und innere Krise seit der Mitte
des 17. Jahrhunderts   40

Zwischen Preußen und Russland – das 18. Jahrhundert   **43**

«Großer Nordischer Krieg» und «negative Polenpolitik»   43
Stadt und Land vor der Aufklärung   46
Die Reformdiskussion in der Mitte des 18. Jahrhunderts   47
Die erste Teilung Polen-Litauens 1772   49
3. Mai 1791: Die erste geschriebene Verfassung Europas   51
Die zweite und dritte Teilung 1793/1795   52

**Das geteilte Polen im revolutionären Europa
(1795–1815)**   **54**

Unter der Verwaltung der Teilungsmächte   54
Napoleon und das Herzogtum Warschau   55
Zusammenbruch des Napoleonischen Systems
und Wiener Kongress   56

Zwischen Integration und Widerstand (1815–1864)   **58**

Grundlagen der Teilungsherrschaft nach 1815   58
Der Novemberaufstand 1830 und seine Nachwirkungen   60
Die polnische Nationalbewegung
in der «Großen Emigration»   63
Weitere Aufstände und Modernisierungsversuche   64
Integrationsangebote der Teilungsmächte   66
Die Kirchenpolitik   68
Gewerbepolitik und Landreform   69
Die jüdische Bevölkerung   70

**Nationale Konkurrenz und die Formierung
einer modernen Gesellschaft (1864–1914)**   72

Einbinden oder ausgrenzen?
Die Bedeutung des Nationalismus für die Teilungsmächte   72
Demographischer Wandel: Bevölkerungswachstum,
neue soziale Gruppen und Migration   74
Die Ideen der «Organischen Arbeit»   77
Die ersten modernen Parteien   78
Die moderne Nation im Bewusstsein der Bevölkerung und
in der Kunst   79
Frau und Mann in der modernen polnischen Gesellschaft   82
Die nichtpolnischen Bevölkerungen
des ehemaligen polnisch-litauischen Doppelreichs   83
Neue Spielräume für die polnische Nationalbewegung?   86
Auf dem Weg zur Unabhängigkeit: Polen im Ersten Weltkrieg   88

**Die II. Republik (1918–1939) und ihr Ende
im Zweiten Weltkrieg**   91

Kampf um die Grenzen 1918–1922   92
Zusammenwachsen zum gemeinsamen Staat   94
Nation und Nationalitäten   98
Polens Platz in Europa – Außenpolitik zwischen den Kriegen   101
Vernichtungskrieg und Besatzungsregime 1939–1945   103
Der Völkermord an den Juden   106
Selbstbehauptung der Nation. Ziviler und militärischer
Widerstand   108

Von der Volksrepublik (1944–1989) zur III. Republik   111

Grenzverschiebung, Umsiedlung und Vertreibung   111
Einbindung in den sowjetischen Machtbereich   113
Partei und Gesellschaft – Innenpolitik 1945–1989   116
Systemwandel und wirtschaftliche Transformation   121
Die Entwicklung seit 1991   122

Ausgewählte Literatur   125
Personenregister   126
Karten   128

Vorwort

Seit über 1000 Jahren sind Polen und Deutsche Nachbarn in Europa. Das vorliegende Büchlein möchte in kurzen Zügen über die Geschichte des Landes informieren, die auf vielfältige Weise mit unserer eigenen verwoben ist. Politische, wirtschaftliche und kulturelle Begebenheiten sollen dabei vor allem als Mittel dienen, die Entwicklung der Gesellschaft zu beleuchten – also der Menschen, die das Land über die Jahrhunderte geprägt haben.

Neben den «ethnischen» Polen waren Juden, Litauer, Ukrainer, Weißrussen oder einfach auch «Hiesige» über Jahrhunderte Bestandteil der polnischen Geschichte, auch wenn sie nicht zur polnischen Nation zählten. Seit dem Mittelalter kamen immer wieder Zuwanderer nach Polen; häufig betrachteten sie sich nach wenigen Generationen selbst als Polen und wurden auch von ihrer Umwelt so wahrgenommen. Auf das Verhältnis von Gesellschaft und Herrschaft soll hier ebenfalls der Blick gelenkt werden. Die Antworten, die im Laufe der Jahrhunderte in Polen auf die Fragen von Machtausübung und ihren Grenzen gefunden wurden, bieten Beobachtern von außen interessante Vergleichsperspektiven. Denn ein weiteres Anliegen dieses Bändchens ist es, die Geschichte Polens in ihre europäischen Zusammenhänge einzubetten; so wird sichtbar, wie eng die Entwicklung des Landes seit jeher mit der seiner Nachbarn verzahnt ist.

Personennamen werden jeweils in ihrer polnischen Form verwandt, Ortsnamen ebenfalls, wenn nicht eingeführte deutsche Bezeichnungen existieren. Die Literaturhinweise am Schluss beschränken sich auf eine kleine Auswahl neuerer, vorwiegend westlichsprachiger Veröffentlichungen.

Gewidmet ist dieses Büchlein meiner Frau Ewa, der es viele wertvolle Anregungen verdankt.

Leipzig im Dezember 2005   *Jürgen Heyde*

Vom Eintritt in die europäische Geschichte bis zur Einigung der polnischen Länder

Herrschaftsbildung und Christianisierung

Der Name «Polen» (lat. «Polonia») erscheint in den Quellen erst an der Wende vom 10. zum 11. Jahrhundert, doch die Geschichte des Landes und der Menschen, die dort leben, reicht deutlich weiter zurück. Seit dem 6. Jahrhundert interessierten sich griechische und lateinische Autoren für die Slawen, die große Teile Mittel- und Osteuropas bewohnten. Die Slawen bildeten keine feste Einheit mit gemeinsamer Abstammung, sondern eine Kulturgemeinschaft, die immer wieder Neuankömmlinge von außen zu integrieren vermochte. Ihre Kultur war gekennzeichnet von Sesshaftigkeit – sie betrieben Ackerbau und Viehzucht – und einer «demokratischen» Verfassung – außerhalb von Kriegs- und Krisenzeiten kannten sie keine fest gefügte Fürstenherrschaft.

Dies wandelte sich in den folgenden Jahrhunderten, als die Kontakte zu den dauerhaften Reichsbildungen im Westen und Süden intensiver wurden. Im 9. Jahrhundert entstand im Ostfränkischen Reich eine Liste von Völkerschaften (des sog. Bairischen Geographen). Sie nennt eine Vielzahl von *regiones* mit unterschiedlich vielen *civitates* und enthält erstmals auch Informationen über das Gebiet zwischen Weichsel, Oder und Ostsee, welches später einmal Polen genannt werden sollte. In diesem Gebiet kannte der Bairische Geograph die Wislanen (*uuislane*) am Oberlauf der Weichsel (in der Gegend von Krakau). Das Stammesgebiet der Polanen hingegen, das Zentrum der späteren Polonia, fehlte in dieser Quelle noch. Warum das so war, erläutert die dynastische Legende der Piasten, die über das Polanengebiet herrschten. Sie ist uns aus dem frühen 12. Jahrhundert in der Chronik des sog. Gallus Anonymus überliefert und erzählt, wie der Stammvater Piast und sein Sohn einen früheren

Fürsten (Popiel) von der Herrschaft verdrängten. Diese Legende
reicht nur vier Generationen hinter den ersten urkundlich beleg-
ten Piastenfürsten Mieszko (gest. 992) zurück; die Piasten waren also eine noch junge Dynastie.

Damit standen sie in diesem Teil Europas nicht allein. Auch
in anderen slawischen Gebieten (z. B. in Böhmen) zeigte sich
erst um das 9. Jahrhundert eine Konzentration und Stabilisierung von Herrschaft. Eine ähnliche Entwicklung gab es im religiösen Bereich, wo die ursprünglich unabhängig voneinander
bestehenden, lokalen heidnischen Kulte allmählich zentralen
Kultplätzen untergeordnet wurden, an denen Kriegsbeute, Abgaben und Kultgegenstände gelagert wurden. Auch die heidni-
sche Götterwelt der Slawen hierarchisierte sich; wenige Haupt-
götter beherrschten den Himmel (*Perun*) und die Unterwelt (*Ve-
les*), und ihre Priester nahmen eine Führungsrolle gegenüber
den anderen Kulten wahr.

In der zweiten Hälfte des 10. Jahrhunderts verdichteten sich
dann die Informationen über den Piastenfürsten Mieszko und
sein Land. Das Herrschaftsgebiet der Polanen hatte sich im
9. Jahrhundert im späteren Großpolen stabilisiert und auf be-
nachbarte Gebiete ausgedehnt (Kujawien, Länder Sieradz und
Łęczyca, Masowien). Im Zuge der weiteren Expansion näherte
es sich dem politischen Interessengebiet des ostfränkischen Reiches. Der sächsische Markgraf Gero versuchte nun, Mieszko zu
unterwerfen und ihn, ähnlich wie die Elb- und Ostseeslawen,
tributpflichtig zu machen. In dieser Lage schloss der Polanen-
fürst ein Bündnis mit dem Herzog Boleslav von Böhmen. Bei
der Hochzeit mit dessen Tochter Dubrava nahm Mieszko das
Christentum an und ließ im Jahre 968 ein erstes Missionsbis-
tum gründen. Damit hatte er sein Herrschaftsgebiet stabilisiert,
da Angriffe aus dem ostfränkischen Reich nun nicht länger als
Kampf gegen das Heidentum deklariert werden konnten.

Im Jahre 992, kurz vor seinem Tod, trug der Herzog sein
Herrschaftsgebiet, die *civitas schinesghe*, dem Apostolischen
Stuhl auf. War bislang die Person des Herrschers für den Zusammenhalt des Territoriums entscheidend gewesen, so bildete
es nun ein fest umrissenes Land mit einem dynastischen Zen-

trum und eindeutig beschriebenen Grenzen: entlang der Ostsee bis zum Gebiet der Pruzzen im Norden, östlich bis an die
Rus', im Süden bis nach Krakau und im Westen bis an die Oder
und in die Oberlausitz.

Die Grundlagen der Fürstenmacht im 11. Jahrhundert

Im März des Jahres 1000 brach Kaiser Otto III. zu einer Wall-
fahrt an das Grab seines Lehrers Adalbert nach Gnesen auf;
an der Grenze in Niederschlesien wurde er von Herzog Bolesław Chrobry (dem Tapferen), dem ältesten Mieszkos empfangen und nach Gnesen geleitet. Beide Herrscher einigten sich
über die Einrichtung eines polnischen Erzbistums mit Sitz in
Gnesen sowie die Schaffung von Bistümern in den neu hinzu-
gewonnenen Herrschaftsgebieten: Breslau (Schlesien), Krakau
(Kleinpolen, das ehemalige Wislanengebiet), Kolberg (östliches
Pommern). Der bisherige Missionsbischof Unger erhielt ein
Bistum mit Sitz in Posen. Daneben wurde eine Eheverbindung
zwischen Bolesławs jüngerem Sohn Mieszko (II.) und der Kai-
sernichte Richeza vereinbart. Polen war durch diesen «Akt von
Gnesen» als Teil des abendländisch-christlichen Imperiums anerkannt. Die Bezeichnung «Polonia» wurde nun auch in deutschen Schriftquellen allgemein üblich.

Bolesław war in Gnesen vom «tributarius» zum «dominus»
aufgestiegen und erhob nun Anspruch auf die Vorherrschaft in
der Sclavinia. Dies führte zu Auseinandersetzungen mit Ottos
Nachfolger, Heinrich II. Am Ende seiner Regierungszeit hatte
Bolesław den im Jahre 1000 durch die Gründung eines Erzbistums abgerundeten Territorialbesitz gefestigt und durch neue
Gebiete im Westen und Osten (die Lausitzen und die sog. Červe-
nischen Burgen) erweitert. Kurz vor seinem Tod erhielt er das
Einverständnis des Papstes zur Königskrönung, die 1025 in
Gnesen vollzogen wurde. Damit schien sich Polen als dauerhaf-
ter, eigenständiger Partner in den Kreis der europäischen König-
reiche eingereiht zu haben.

Nach Bolesławs Tod konnte sein Sohn Mieszko II. zunächst
problemlos seine Thronfolge durchsetzen und sich noch 1025

zum König von Polen krönen lassen. Anders als sein Vater ver-
mochte er aber weder gegenüber dem Reich noch gegenüber der
Rus' militärische Erfolge zu erzielen. Dies schürte die Unzufriedenheit unter den polnischen Großen, so dass sich Bolesławs
ältester (unehelicher) Sohn Bezprym in den Jahren 1031/32 mit
Hilfe der Rus' als Gegenkönig etablieren konnte. Nach Mieszkos Tod 1034 zeigte sich zudem, dass das Prinzip dynastischer
Herrschaft an sich noch nicht so weit gefestigt war, dass es eine
Zeit der Misserfolge hätte überstehen können. Es kam zu einem
Aufstand gegen den Thronfolger Kazimierz, der mit seiner Mutter aus dem Land vertrieben wurde. In einer heidnischen Reaktion wurden an verschiedenen Orten christliche Kirchen zerstört und daraus Tempel errichtet.

Bis 1050 gelang es Kazimierz durch enge Anlehnung an das
Kaisertum als oberste Schiedsinstanz, die Fürstenmacht weitgehend wiederherzustellen. Sein ältester Sohn, Bolesław II. Śmiały (der Kühne, ca. 1042–1082, Herzog 1058) betrieb bereits
eine aktivere Außenpolitik gegenüber der Rus' und Böhmen.
Doch er sah sich weiterhin einer inneren Opposition gegenüber,
die sich um den Krakauer Bischof Stanisław scharte. Als er diesen 1079 anklagen und hinrichten ließ, erhob sich ein Aufruhr
im Land. Bolesław wurde vertrieben und starb im Exil.

Die Herrschaftskrisen im 11. Jahrhundert werfen die Frage
nach den Grundlagen der Fürstenmacht in Polen auf. Die Christianisierung erreichte das fürstliche Gefolge, besaß aber noch
keine Tiefenwirkung, da weite Teile der Bevölkerung bis dahin
keinen Zugang zu regelmäßigen Gottesdiensten hatten. Trotz-
dem verfügte die Kirche am Ende des 11. Jahrhunderts über ein
ausreichendes Mobilisierungspotential, um den Herzog zu stürzen. Die Krisen beleuchten auch die wachsende Eigenständigkeit der Regionen. Ein neues Bistum in Płock sollte Masowien
besser anbinden; Herzog Władysław Herman (ca. 1043–1102)
richtete für seine Söhne Zbigniew und Bolesław eigene Teilfürstentümer ein. Nach dem Tod des Vaters versuchten beide, die
Herrschaft in ganz Polen an sich zu ziehen. Bolesław III. Krzywousty («Schiefmund», 1085–1138) konnte für seine Ansprüche auch die regionalen Eliten im Herrschaftsbereich seines

Bruders mobilisieren und setzte sich als Herzog im gesamten polnischen Territorium durch.

Seit Polen zu einem Teil des christlichen Europa geworden war, gab es immer weniger Gelegenheit zu Kriegs- und Beutezügen; zudem wurde das Land seit dem 11. Jahrhundert häufiger selbst das Ziel äußerer Interventionen. Als Reaktion darauf bauten die Fürsten das Abgaben- und Dienstsystem nach innen aus. Ein dichtes Netz von Burgen wurde nicht mehr vorwiegend nach militärischen, sondern nach administrativen Erfordernissen angelegt. Es sorgte für eine umfassende und gleichmäßige Erfassung der Bevölkerung und diente den fürstlichen Beamten als Sitz. Nach dem Fürstenrecht (*ius ducale*, später auch einfach als polnisches Recht bezeichnet) standen dem Fürsten als Oberherrn über das gesamte Territorium sämtliche Abgaben zu. Zur Verfügung des Fürsten existierte ein Netz von sog. Dienstsiedlungen, z. B. für die Dienstleute des Fürstenhofes, für Viehzüchter oder auch für Handwerker; auch die Kirche verfügte über eigene spezialisierte Dienstsiedlungen.

Die Kirche baute in der zweiten Hälfte des 11. Jahrhunderts das Netz ihrer Pfarrstellen aus. Zur Versorgung wurden ihr nun verschiedene fürstliche Einkünfte, aber auch Hoheitsrechte über einzelne Siedlungen übertragen. Zur selben Zeit wurde das fürstliche Gefolge immer stärker in die Landesverwaltung einbezogen. Es verlor den Charakter einer besonders aktiven Kriegerschar und wurde zur leitenden Beamtenschaft des Fürsten; anstelle von Beuteanteilen verlieh dieser ihm Abgaben und Besteuerungsrechte.

Die Zeit der Teilfürstentümer

Um Thronkämpfe zu vermeiden, teilte Bolesław III. in seinem Testament das Land unter seine vier ältesten Söhne auf, wobei dem Ältesten als Senior eine Art Oberherrschaft zukam. Er sollte die Polonia repräsentieren und den Oberbefehl über das Heer haben sowie die Aufsicht über das Gerichtswesen, die überregionale Verwaltung und die Münze. Nach dem Tod des Herzogs 1138 wurde sein Sohn Władysław II. (1105–1163) als Senior benannt. Die neuen Teilfürstentümer berücksichtigten sowohl kirchliche als auch regionale Einteilungen: das Seniorat (mit dem Amtssitz Krakau) umfasste das Erzbistum Gnesen und das Bistum Krakau, Władysław erhielt dazu Schlesien als «eigenes» Fürstentum; Bolesław IV. Kędzierzawy («Kraushaar», 1125–1173) empfing Masowien (Bistum Płock), Mieszko (III., 1126/27–1202) Großpolen (Bistum Posen), Henryk (1127/31–1166) das östliche Kleinpolen um Sandomierz (ab ca. 1146). Der jüngste Sohn Kazimierz (II., 1138–1194) blieb zunächst unberücksichtigt.

Ursprünglich war es die Absicht gewesen, durch Zuteilung von Teilfürstentümern an die jüngeren Mitglieder der Dynastie die regionalen Oberschichten an das Herrscherhaus zu binden. Doch die jüngeren Fürsten strebten aus eigenen dynastischen Interessen danach, ihre Teilfürstentümer zu stabilisieren. Die Kirche konnte in dieser Lage den Einfluss der Fürsten auf innerkirchliche Angelegenheiten deutlich reduzieren. Gleichzeitig profilierte sie sich als überregionale Institution. Im 13. Jahrhundert blieben – trotz zahlreicher Gebietsteilungen – die Diözesangrenzen unverändert; die Kirche wurde so zum Garanten der Landeseinheit.

Schlesien wurde unter der Regierung von Henryk Brodaty (Heinrich dem Bärtigen – 1167/74–1238, Hz. 1201) zum wirtschaftlich am höchsten entwickelten Territorium unter den piastischen Ländern. Der Herzog warb ausländische Handwerker und Kaufleute für die neu gegründeten Städte an, Fachkräfte zur Ausbeutung der schlesischen Silbervorkommen und Bauern zur Besiedlung gerodeter Flächen. Die Grundlage für die umfangreiche Kolonisation bildete das sog. «deutsche Recht» (*ius teutonicum*), das anstelle der zahlreichen Dienste und Abgaben des *ius ducale* oder *ius polonicum* größere wirtschaftliche Freiheiten für die Untertanen ließ. Die gewandelten ökonomischen Grundlagen machten dieses Herzogtum nicht nur für Bürger und Bauern attraktiv, sondern auch für Ritter, die in den Dienst des Herzogs traten. Dadurch wurde Schlesien in der ersten Hälfte des 13. Jahrhunderts zu einer der wichtigsten politischen Kräfte in der Region. Nachdem sein Sohn Henryk II.

1241 in der Schlacht bei Liegnitz den Tod gefunden hatte, wurde das Land unter seine drei minderjährigen Söhne aufgeteilt.

In Kleinpolen und Masowien setzten sich die Söhne Kazimierz' II., Leszek Biały (der Weiße, 1186/87–1227) und Konrad I. (1187/88–1247), durch. Im Zentrum ihres politischen Interesses stand seit ca. 1220 die Expansion in das Gebiet der heidnischen Pruzzen. Zusammen mit Herzog Henryk Brodaty von Schlesien eroberten sie in mehreren Kriegszügen 1221 bis 1223 das Kulmer Land. Konrad von Masowien trat 1225/1226 in Verhandlungen mit dem Hochmeister des Deutschen Ordens. Er ermöglichte ihm die Ansiedlung im Kulmer Land, damit er von dort aus das Pruzzenland erobern und missionieren könne. Mit der «Kulmer Handfeste» erließ der Orden zwei Jahre später eine Rechtsordnung für sein Wirkungsgebiet, die Bürgern und Bauern attraktive Niederlassungsbedingungen bot und dem Orden in der Folgezeit half, seine militärischen Eroberungen dauerhaft abzusichern.

Großpolen wurde zu Beginn des 13. Jahrhunderts zum Schauplatz langandauernder Kämpfe zwischen den Nachkommen Mieszkos III., bei denen sich sein Enkel Władysław Odonicz 1231 durchsetzte. Nach seinem Tod 1239 wurde das Fürstentum unter seine Söhne Przemysł I. von Posen (1220/21–1257) und Bolesław Pobożny (der Fromme, nach 1221–1279) von Kalisch erneut geteilt. Ihre anfängliche Rivalität um die Alleinherrschaft in Großpolen legten die Brüder zu Beginn der 1250er Jahre bei, um sich gemeinsam gegen die Expansionspolitik der Markgrafen von Brandenburg zu wenden.

Dynastische Streitigkeiten und außenpolitische Konflikte prägen das Bild der Teilfürstenzeit im 12. und 13. Jahrhundert als einer Epoche der Krise, die erst durch die Vereinigung der Fürstentümer und die Wiedererrichtung des Königreichs an der Wende zum 14. Jahrhundert überwunden wurde. Doch der Aufstieg Polens zu einer der führenden Mächte Ostmitteleuropas wäre nicht möglich gewesen, ohne den tiefgreifenden wirtschaftlichen und gesellschaftlichen Wandel, der sich gerade in jener Zeit der «teilfürstlichen Zersplitterung» vollzogen hatte.

Landesausbau und Kolonisation

Das Wirtschaftssystem der frühpiastischen Zeit war ganz auf den Bedarf des fürstlichen Hofes eingestellt gewesen. Die hochentwickelte Dienstsiedlungsorganisation erwies sich jedoch auf Dauer als zu schwerfällig. Angesichts der zunehmenden Aufgliederung des Herrschaftsgebietes in kleinere Einheiten musste die Wirtschaft intensiviert werden, um den wachsenden Bedarf von Fürst und Verwaltung bei geringeren natürlichen Ressourcen weiterhin decken zu können.

Daher riefen die piastischen Fürsten seit dem späten 12. Jahrhundert Fachkräfte ins Land, die – nicht mehr als Dienstleute des Fürsten, sondern als eigenverantwortliche Unternehmer – neue Wirtschaftsmethoden in der Landwirtschaft und im Bergbau sowie neue Organisationsformen für Handel und Handwerk einführten. Die Siedlungsunternehmer (Lokatoren) erhielten rechtliche Garantien, eine attraktive erbliche wirtschaftliche Ausstattung in den von ihnen angelegten Städten oder Dörfern sowie Kompetenzen in der niederen Gerichtsbarkeit. Bei der Anlage von Städten und Dörfern nach «deutschem Recht» wurde auf eine konsequente Raumplanung geachtet – Dörfer und Felder wurden ebenso vermessen wie die Grundrisse der neu angelegten Städte.

In rechtlicher Hinsicht wurden die neuen Siedler zunächst als «Gäste» (*hospites*) bezeichnet. Doch das Gästerecht, das seit dem frühen Mittelalter die Anknüpfung friedlicher (Handels-) Kontakte auch über kulturelle Grenzen hin ermöglicht hatte, erwies sich als unbrauchbar, wenn man den neuen Ankömmlingen dauerhafte Rechtsgarantien verleihen wollte. So wurde für die neu angelegten Städte an der Küste das lübische Recht zum Vorbild, im Binnenland das Magdeburger Recht und für die Bergbauregionen das der sächsischen Stadt Freiberg. Für die dörfliche Siedlung waren vor allem die fränkische und die flämische Hufe als Landmaße normbildend. Zusammenfassend wurden die neu eingeführten Rechte als *ius teutonicum* bezeichnet und dem in der Umgebung zunächst noch weiterhin angewandten «polnischen», d. h. traditionellen Recht gegenübergestellt.

Auf dem Land vergab man an die Lokatoren anfänglich zumeist unbebaute Flächen zur Rodung, wo sie dann regelmäßige Dörfer mit fest vermessenen Feldern anlegten. Der Lokator erhielt in der Regel das Amt des Schultheißen und wurde damit zum Vorsteher der Dorfgemeinschaft mit größerer Landzuteilung und Befugnissen in der niederen Gerichtsbarkeit, aber auch der Pflicht zur Heeresfolge. Damit bildete er eine Art Mittelinstanz zwischen Bauern und Grundherrn. Die erbliche Ausstattung der Schultheißen übertraf nicht selten den Besitz einfacher Ritter. Zuweilen vergab der Landesherr auch Ländereien an die Kirche oder an Klöster mit der Maßgabe, dort fremde Bauern anzusiedeln.

Städtische Lokationen erfolgten zumeist in der Nähe bestehender Verwaltungs- oder Marktzentren und begannen mit der Anlage eines regelmäßigen Marktplatzes; die zuziehenden Stadtbewohner erhielten in der Regel die Zusage, die ersten Jahre keine Abgaben an den Stadtherren leisten zu müssen. In der ersten Hälfte des 13. Jahrhunderts überwogen Neugründungen, aber allmählich gingen die Landesherren dazu über, auch in den wichtigen Verwaltungszentren die traditionellen Strukturen durch Lokationen abzulösen; in Płock geschah dies 1237 noch ohne Berufung auf das *ius teutonicum*, in Posen 1253 und in Krakau 1257 allerdings bereits nach dem verbreiteten Magdeburger Recht. Die Lokationsstädte als autonome Wirtschaftszentren stellten Handel und Handwerk auf eine neue Grundlage; Kaufleute und Handwerker wuchsen zum Bürgertum zusammen.

Eine besondere Stellung im Landesausbau kam den Juden zu. Zunächst waren die Juden nicht als eine gesonderte Rechtsgruppe zu erkennen. Wie andere «Gäste» auch sind sie als Grundbesitzer ebenso zu finden wie als Bauern. Aber auch hier kam es im Zuge des Landesausbaus zur Übernahme ausländischer Muster: Das Generalprivileg 1264 knüpfte an Vorbilder in Österreich, Ungarn und Böhmen an. Es sicherte nicht nur die Rechtslage, sondern garantierte den Juden auch die ungehinderte Ausübung der Religion und Schutz gegen antijüdische Ausschreitungen. Handelsrechte standen im jüdischen Privileg am Rande, sie wurden summarisch gewährt und nicht weiter

spezifiziert; im Mittelpunkt stand die Organisation des Kredit-
wesens.

Der Landesausbau veränderte nicht nur die Wirtschaft, sondern auch das Gesellschaftsgefüge. Seit dem späten 11. Jahrhundert gewährte der Landesherr der Kirche Immunitäten, um
so den Ausbau der Kirchenorganisation zu fördern. Die Ansiedlung von Predigerorden (v. a. Franziskaner, Dominikaner) ermöglichte eine Ausweitung der Seelsorge auch außerhalb der
Verwaltungszentren. Bei der Anlage neuer Dörfer wurde nun je-
des mit einer Pfarrkirche ausgestattet. So erreichte das Christentum im 13. Jahrhundert auch die bäuerliche Bevölkerung.

Einigung unter einer Krone 1320

Am Ende des 13. Jahrhunderts waren die polnischen Herzog-
tümer wirtschaftlich gestärkt und innerlich gefestigt. Allerdings
setzte sich im Adel die Gewissheit durch, dass äußere Bedrohungen, wie die Beutezüge von Pruzzen und Litauern sowie die
territoriale Expansion Brandenburgs oder der altrussischen
Fürstentümer, nicht von einzelnen Territorien allein abzuweh-
ren waren. Damit wuchs die Bereitschaft zu überregionaler Zusammenarbeit. Die Kirche bewahrte ihre Bistumsorganisation
auch über die Grenzen der Fürstentümer hinweg, was ebenfalls
zur Vereinheitlichung und zur Intensivierung der Kontakte bei-
trug. Eine besondere Position kam dem Krakauer Klerus zu, der
mit dem Kult des Hl. Stanisław bewusst an die Einheit der piastischen Fürstentümer appellierte.

So zeichneten sich am Ende des 13. Jahrhunderts auch ver-
mehrte Bemühungen ab, die Teilfürstentümer erneut unter einer
gemeinsamen Oberherrschaft zusammenzufassen. Im Jahre
1295 erwarb Przemysł II. von Großpolen einen Teil Pommerellens. Mit dem Besitz mehrerer Teilfürstentümer begründete er
nun den Anspruch auf die Königswürde und ließ sich 1295 in
Gnesen zum König krönen. Allerdings wurde er schon bald von
oppositionellen Adeligen ermordet. Daraufhin nahm Władysław Łokietek («Ellenlang») von Sieradz kurzzeitig Großpolen
in Besitz, konnte sich aber gegen die Widerstände in Adel und

Klerus nicht behaupten. Der böhmische Herzog Wenzel II. setzte sich 1300 militärisch gegen den Herzog von Sieradz durch und wurde daraufhin als König von Polen anerkannt. Erst nach Wenzels Tod 1305 gelang es Łokietek allmählich, seine Machtbasis wieder aufzubauen. 1314 vereinte er Kleinpolen und Großpolen in seiner Hand. Dabei gewann er jeweils die Unterstützung von Adel und Klerus, musste sich aber gegen die Opposition der Krakauer und Posener Bürger durchsetzen. Im Jahre 1320 wurde Władysław Łokietek in Gnesen zum König gekrönt.

Das 14. und 15. Jahrhundert: Die Entstehung einer Großmacht

Strukturen des neuen Königreichs

Die Grundlagen von Władysław Łokieteks Herrschaft bildeten zwei große Teilfürstentümer – Kleinpolen mit Krakau und Sandomierz sowie Großpolen mit Posen und Kalisch –, sowie drei kleinere – Sieradz, Łęczyca und Brześć in Kujawien. Die einzelnen Regionen wiesen gesellschaftlich wie wirtschaftlich deutliche Unterschiede auf. In Kleinpolen verfügten die führenden Adelsgeschlechter bereits über ausgedehnte Güterkomplexe und besaßen großen Einfluss auf die Landespolitik. In den kleineren Landschaften hingegen überragten die führenden Geschlechter den Besitz mittlerer Ritter nicht wesentlich, und ihr politischer Einfluss hing vor allem von ihrer Nähe zum regierenden Fürsten ab. Kleinpolen orientierte sich wirtschaftlich am Karpatenraum und am kontinentalen Ost-West-Handel, zusätzlichen Reichtum schöpfte es aus dem Bergbau. Großpolen, Kujawien und Masowien hingegen besaßen wenig eigene Bodenschätze und waren eher peripher in den Ostseehandel eingebunden.

Das drängendste außenpolitische Problem dieser Zeit war die Abwehr böhmischer Ansprüche auf den polnischen Thron. König Johann sah sich als Nachfolger Wenzels III. auch als legitimer König von Polen. Im Jahre 1329 zwang er Herzog Wacław von Masowien-Płock zur Anerkennung seiner Lehnshoheit. Er eroberte das Dobriner Land und übertrug es an den Deutschen Orden, der so seine Stellung in der Auseinandersetzung um den Besitz Pommerellens festigte. Die letzten Regierungsjahre König Władysławs waren daher vom Krieg gegen den König von Böhmen und den mit ihm verbündeten Deutschen Orden geprägt.

Sein Sohn Kazimierz III. (der Große, 1310–1370) trat nach Łokieteks Tod 1333 ungehindert dessen Nachfolge an. Im Jahre 1335 erreichte er einen Ausgleich mit Böhmen, in dem er den Status quo in Schlesien anerkannte, wofür König Johann seinen Anspruch auf die polnische Krone ablegte. Es dauerte noch bis 1343, bevor in Kalisch auch ein Friedensschluss mit dem Deutschen Orden erreicht werden konnte.

Die politische Entlastung im Westen und Norden nutzte Kazimierz für ein verstärktes Engagement im Osten des Königreichs. Nach der Ermordung des Fürsten von Halič, welcher der masowischen Linie der Piasten entstammte, zog der polnische König unverzüglich mit seinem Heer nach Lemberg und demonstrierte damit seinen Anspruch auf die Nachfolge im «Königreich Galizien und Lodomerien» (Halič-Vladimir), das von Litauen bedrängt wurde. Der polnische König trat dem sich formierenden heidnischen Großreich nicht nur militärisch entgegen, sondern er knüpfte auch intensive diplomatische Kontakte, so dass seine Herrschaft nach 1350 von keiner Seite mehr ernsthaft bedroht war. Seit dieser Zeit intensivierte sich auch die polnische Politik in der Provinz, deutlich sichtbar in der Verleihung des Magdeburger Stadtrechts an Lemberg 1356.

Kazimierz III. nutzte die geopolitische Stabilisierung auch für einen beschleunigten wirtschaftlichen und gesellschaftlichen Umbau seines Königreichs. Unter seiner Herrschaft wurde die Stadtgründungsphase in den polnischen Zentrallandschaften im Wesentlichen abgeschlossen. An vielen Orten wurden nun die hölzernen Fortifikationen durch gemauerte Befestigungen ersetzt und somit das Land besser gegen äußere Angriffe geschützt: Vom späten 14. bis zum frühen 18. Jahrhundert war die polnische Westgrenze eine der ruhigsten und stabilsten Grenzen in Europa. Die von König Kazimierz angeregte Bautätigkeit trug zu seinem Andenken als großer Modernisierer bei – er habe ein hölzernes Polen angetroffen und ein steinernes hinterlassen. Zudem stehen seine Rechtskodifkationen nach dem Grundsatz: «Ein Fürst, ein Recht, eine Münze sollen im ganzen Königreich gelten» auch in einer Reihe mit anderen großen Kodifikationsprojekten ihrer Zeit in Europa – von Waldemar Atterdag in Dänemark über Kaiser Karl IV., Ludwig den Großen von Ungarn bis Stefan Dušan von Serbien. Die Statuten von Wiślica und Petrikau (1346/47) schufen die Voraussetzung für die Herausbildung eines einheitlichen Adelsstandes, indem sie die Pflicht zur Heeresfolge mit dem Besitz eines Landgutes verknüpften. Die Kaufleute wurden durch eine aktive Handelspolitik gefördert, und die Juden erhielten das Generalprivileg von 1264 für das gesamte Königreich bestätigt. 1364 erlangte der König die päpstliche Bestätigung für die Einrichtung einer Universität in Krakau, nach der Prager Gründung Karls IV. die zweite derartige Bildungsstätte ihrer Art in Mitteleuropa und zugleich Ausweis der Ambitionen des jungen Königreichs.

Kazimierz III. war es am Ende seiner Regierungszeit gelungen, sein Herrschaftsgebiet als stabilen überregionalen Machtfaktor zu etablieren. Er starb 1370 ohne Thronfolger, hatte aber die Erbfolge durch einen Vertrag mit König Ludwig von Ungarn geregelt. Auch Ludwig starb 1382 ohne einen männlichen Thronfolger, und so traten seine Töchter, Maria und Hedwig (Jadwiga), die Nachfolge in Ungarn und Polen an. Eine Adelsversammlung beschloss, dass nur diejenige Tochter zur Königin gewählt werden solle, die bereit sei, im Lande zu bleiben. Am 15. Oktober 1384 wurde die dreizehnjährige Jadwiga in Krakau zum «König von Polen» (*rex Poloniae*) gekrönt. Ein politisch passender Gatte war auch bald gefunden: der litauische Großfürst Jagiełło (Jogaila, ca. 1351–1434).

Die Union mit Litauen
und der Konflikt mit dem Deutschen Orden

Im Vertrag von Krewo 1385 wurden die Hochzeit und die Königskrönung Jagiełłos vereinbart. Im Gegenzug sollte dieser das Großfürstentum Litauen «auf ewig» der Krone Pole angliedern, das römische Christentum annehmen und verloren gegangene Gebiete zurückgewinnen. Am 14. Februar 1386 wurde Jagiełło in Krakau auf den Namen Władysław getauft und vier Tage später die Ehe zwischen ihm und Jadwiga geschlossen. Am 4. März wurde er zum König gekrönt und damit zum rechtmäßigen Mitherrscher über das Königreich Polen.

Unverzüglich ergriff der neue König Maßnahmen, um die polnische Lehnshoheit über Masowien wieder herzustellen. Jadwiga wiederum zog Anfang 1387 an der Spitze polnischer Truppen nach Rotreußen, das in der Regierungszeit König Ludwigs weitgehend von Ungarn verwaltet worden war, und erreichte dessen erneute Angliederung an Polen. Die Königin beteiligte sich auch in späteren Jahren aktiv an den Regierungsgeschäften und setzte sich in den letzten Jahren ihres kurzen Lebens (sie starb 1399 kurz nach der Geburt ihrer Tochter) erfolgreich für die Wiederbegründung der seit dem Tod von Kazimierz III. vernachlässigten Universität Krakau ein.

Władysław Jagiełło reiste Anfang 1387 nach Wilna, um die Taufe der Litauer einzuleiten; im Februar desselben Jahres wurde das Bistum Wilna gegründet. Doch das Großfürstentum war schon vorher kein gänzlich heidnisches Land mehr gewesen – in den seit dem 13. Jahrhundert eroberten altrussischen Gebieten überwog das orthodoxe Bekenntnis. Nach der Union von Krewo erhielten die nun katholischen litauischen Bojaren Privilegien; die Orthodoxen blieben jedoch davon ausgeschlossen. So kam es in den folgenden Jahren zu zahlreichen Konflikten innerhalb der litauischen Dynastie.

Besonders Jagiełłos Vetter Witowt (Vytautas) stellte sich offen auf die Seite der orthodoxen Bojaren. Der Deutsche Orden wiederum sah darin eine Möglichkeit, die polnisch-litauische Union zu durchbrechen. Er erreichte im Vertrag von Sallinwerder 1398, dass Witowt dem Orden ganz Schamaiten (und damit die Landbrücke zwischen Preußen und Livland) abtrat. Der Deutsche Orden konnte aber der Unruhen im Land nicht Herr werden; die Aufständischen erhielten Unterstützung aus dem Großfürstentum Litauen. Daraufhin erklärte der Hochmeister des Ordens im Jahre 1409 Polen-Litauen den Krieg. Am 15. Juli 1410 trafen die Heere in der Schlacht bei Tannenberg (in der polnischen Tradition: Grunwald), einer der größten Feldschlachten des europäischen Mittelalters, aufeinander. Das Ordensheer wurde vernichtend geschlagen, der Hochmeister und alle Gebietiger fielen. Im ersten Thorner Frieden 1411 musste der Deutsche Orden Schamaiten wieder abtreten.

Für den Deutschen Orden stellte nicht die militärische Niederlage an sich, sondern der damit verbundene Ansehensverlust eine ernste Bedrohung dar. Im 13. und 14. Jahrhundert waren Adelige aus ganz West- und Südeuropa zu den «Preußen-» und «Litauerreisen» nach Preußen gereist, um im «heiligen Kampf» gegen die Heiden Ritterruhm zu erringen. Doch nach 1410 kam dieser Zustrom fast völlig zum Erliegen; die Aufmerksamkeit galt nun dem ungarisch-osmanischen Grenzgebiet. Der Deutsche Orden stellte daher die Ernsthaftigkeit der Bekehrung in Litauen in Frage und warb in der europäischen Öffentlichkeit unverändert, aber mit immer weniger Erfolg für seine Mission der «Heidenabwehr».

Als Władysław Jagiełło 1434 starb, folgte ihm sein zehnjähriger Sohn Władysław III. (1424–1444) auf dem Thron. Nach dem Tod Albrechts von Habsburg 1439 wurde er auch von den ungarischen Ständen zum König gewählt, da die Verbindung beider Reiche eine erfolgreiche Abwehr der wachsenden Bedrohung durch das Osmanische Reich versprach. Im Herbst 1443 brach der König zu einem Kriegszug gegen die Osmanen auf; im folgenden Jahr erlitt sein Heer in der Schlacht bei Warna (Bulgarien) eine vernichtende Niederlage, bei der auch der König fiel. Polen-Litauen hatte sich erstmals als «Vormauer der Christenheit» einen Namen in Europa gemacht; der Kampf gegen das Osmanische Reich bildete von nun an einen konstanten Bestandteil seiner Außenpolitik.

Es war nicht mehr zu übersehen, dass der Deutsche Orden den ideologischen Kampf gegen die Jagiellonen verloren hatte. Immer weniger Ritter zogen im 15. Jahrhundert nach Preußen, auch die agrarische Kolonisation kam zum Erliegen. Die Lasten für die Einwohner Preußens stiegen. Größere politische Partizipationsrechte für den Landadel oder die Städte lehnte die Ordensführung jedoch ab. 1454 erhoben sich die preußischen Stände, unterstützt von den wichtigsten Städten des Landes, Danzig und Thorn, gegen die Ordensherrschaft und unterstellten sich dem polnischen König. Damit begann der sog. Dreizehnjährige Krieg zwischen dem Deutschen Orden und Polen, der 1466 mit dem Zweiten Thorner Frieden sowie der Abtretung Pommerellens und des Ermlandes an Polen endete. Der Hochmeister sollte für den preußischen Reststaat die Oberhoheit des polnischen Königs anerkennen und den Deutschen Orden auch für polnische Ritter öffnen.

Die Jagiellonenmonarchie am Ende des 15. Jahrhunderts: ein multiethnisches und multikonfessionelles Großreich

Außenpolitische Erfolge hatten Polen-Litauen zu einer Vormacht in Ostmitteleuropa werden lassen, die adelsfreundliche Politik im Inneren machte die Herrscher aus der Jagiellonendynastie auch für die Stände benachbarter Länder attraktiv. So wurde Władysław (1456–1516), der älteste Sohn König Kazimierz' IV. von Polen (1427–1492) 1471 in Böhmen und 1490 auch in Ungarn zum König gewählt. Nach Kazimierz' Tod übernahm Władysławs jüngerer Bruder, Jan Olbracht (1459–1501), den polnischen Thron, und Kazimierz' dritter Sohn, Alexander (1461–1506), erhielt die Großfürstenwürde in Litauen. Die Vorherrschaft der Jagiellonen in Ostmitteleuropa schien ihren Höhepunkt erreicht zu haben, doch die politischen Beziehungen zwischen den Reichen waren nun lockerer als ein Jahrhundert zuvor. In Litauen herrschte Unzufriedenheit mit der Union; zu wenig hatte die Krone Polens Anteil an den litauischen Problemen genommen. Vor allem der Aufstieg des Großfürstentums Moskau führte immer wieder zu Kriegen und Gebietsverlusten.

Die unterschiedlichen geopolitischen Interessen beider Reichsteile hatten im Laufe des 15. Jahrhunderts eine gemeinsame Außenpolitik der Jagiellonenmonarchie höchstens in Ansätzen entstehen lassen.

Anders sah es in der inneren Entwicklung aus. Hier kam es in dieser Periode zu einer deutlichen Annäherung Litauens an die polnische Gesellschaftsverfassung. In der Union von Horodło 1413 erhielten zunächst die katholischen Adeligen Litauens die gleichen Rechte zugestanden wie ihre polnischen Standesgenossen, 1434 wurde dieses Privileg auch auf die orthodoxen Großen und Bojaren in Litauen wie in Rotreußen ausgedehnt. Ihren symbolischen Ausdruck fand die Gleichstellung in der Aufnahme litauischer bzw. ruthenischer Adelsgeschlechter in die Wappenfamilien des polnischen Adels.

Als sich die preußischen Stände 1454 dem polnischen König unterstellten und Kazimierz IV. das allgemeine Aufgebot gegen die Truppen des Deutschen Ordens zusammenrief, machten die Adeligen ihre Bereitschaft zum Kampf davon abhängig, dass künftig die Adelsversammlungen der einzelnen Provinzen an der politischen Entscheidungsfindung beteiligt würden (sog. Statuten von Nessau). Zu diesem Zweck wurden seither regelmäßig Landtage abgehalten, und um diese auf Reichsebene zu koordinieren, rief Jan Olbracht 1493 erstmals Vertreter der Landtage sowie die Angehörigen des königlichen Rates zu einem gemeinsamen Reichstag (Sejm) zusammen. Dessen Beschlüsse waren für den Monarchen bindend; auch internationale Verträge mussten durch dieses Gremium ratifiziert werden, um rechtskräftig zu werden. Damit hatte die Trennung zwischen dem überpersonalen Staatswesen, der *Corona Regni Poloniae,* und dem Monarchen als seinem vornehmsten Vertreter ihren institutionellen Ausdruck gefunden.

Die polnisch-litauische Doppelmonarchie durchlief im 14. und 15. Jahrhundert auch in anderer Hinsicht einen bedeutsamen Wandel. Mit der Christianisierung hatte Polen Anschluss an das lateinisch-christliche Abendland gefunden. Die Schenkung des Landes an den Heiligen Stuhl 992 begründete eine enge Beziehung zum Papsttum, die sich auch nach Jahrhunderten noch in der Zahlung einer besonderen Steuer, des Peterspfennigs, ausdrückte. Mit dem Ausgreifen Polens nach Rotreußen und stärker noch durch die Union mit Litauen – beide zu einem erheblichen Teil von orthodoxer Bevölkerung bewohnt – wurde die bisherige religiös-kulturelle Einheitlichkeit des Landes aufgebrochen. Die Union von 1386 begründete nicht nur eine dynastische Verbindung zwischen den beiden Reichen, sondern schuf auch die Grundlage für intensive Begegnungen zwischen ihren Oberschichten, anfangs vor allem den Angehörigen des königlichen Rats und der großfürstlichen *Velikaja Rada*, die durch das nun gemeinsame Bekenntnis erleichtert wurden. Der Akt von Horodło 1413 gab den im vorangegangenen Vierteljahrhundert gewachsenen Kontakten zeremonialen Ausdruck: 47 katholische litauische Adelsfamilien wurden in die Wappengeschlechter der polnischen Adeligen aufgenommen und diesen symbolisch gleichgestellt. Ein gleichzeitiges Privileg von König Władysław Jagiełło und Großfürst Witowt sicherte ihnen das Recht zu Zusammenkünften mit dem polnischen Adel, freie Verfügungsgewalt über ihre Dienstgüter und das Recht auf Fürstenwahl nach dem Tod Witowts.

Der überwiegend orthodoxe ruthenische Adel im Großfürstentum, der vor der Union mit Polen auch kulturell großen Einfluss besessen hatte (so wurden z. B. die Urkunden der großfürstlichen Kanzlei in einem altrussischen Dialekt, der «westrussischen Kanzleisprache», ausgefertigt), sah sich nun politisch marginalisiert und stützte die antijagiellonische Opposition im Lande, bis 1434 auch er die formale Gleichstellung mit seinen katholischen Standesgenossen erreichte. In den ruthenischen Gebieten des Königreichs Polen (Rotreußen) war die Verdrängung der orthodoxen Führungsschicht zunächst noch ausgeprägter als im Großfürstentum. Aus der Regierungszeit Władysław Jagiełłos sind zahlreiche Privilegien überliefert, in denen die orthodoxe Bevölkerung ausdrücklich ausgeschlossen wurde (*exceptis schismaticis*). Der vor allem kleinpolnische Adel, der seit der Regierungszeit Kazimierz' des Großen zahlreiche Landesämter in Rotreußen beanspruchte, war aber nicht in der Lage, alle Funktionen zu besetzen, aus denen die Bojaren verdrängt worden waren. So zogen die polnischen Könige die jüdischen Wirtschaftseliten Rotreußens zur Organisation der Abgaben- und Zollverwaltung hinzu.

Damit war anfangs noch die Hoffnung verbunden, die Juden würden sich durch die enge Einbindung in den Königsdienst dem Katholizismus zuwenden, wie dies König Władysław Jagiełło in einem Privileg für Wołczko von Drohobycz 1427 ausdrücklich formuliert hatte. Als diese Bemühungen gescheitert waren, wandte sich die Krone dennoch nicht von ihren jüdischen Vertrauten ab. Auch nach der Gleichberechtigung des orthodoxen Adels behaupteten jüdische Wirtschaftseliten das gesamte 15. Jahrhundert hinüber ihre Schlüsselstellung im Steuer- und Zollwesen Rotreußens und Litauens.

Auch in den Städten gab es im späten Mittelalter nur wenig Versuche, die Rolle der nichtpolnischen oder nichtkatholischen Bevölkerung durch administrative Maßnahmen zu begrenzen. König Władysław Łokietek verhängte in den Auseinandersetzungen um die Einigung des Königreichs zu Beginn des 14. Jahrhunderts Repressionen gegen die deutschsprachige Oberschicht der Stadt Krakau, weil diese ihm die Unterstützung verweigert hatte. Auch wenn die Gefolgsleute des Königs hier sprachliche Kriterien anlegten, um Freund und Feind zu unterscheiden, kann man dies nicht einfach als «nationalen» Konflikt des «polnischen» Königs mit den «deutschen» Bürgern interpretieren. Auch andere Städte besaßen ein deutschsprachiges Patriziat, ohne deshalb Nachteile zu erleiden. Nach der Einverleibung Rotreußens trug König Kazimierz III. der dortigen ethnisch-konfessionellen Gemengelage Rechnung, indem er im Lokationsprivileg für Lemberg 1356 der Stadt das Magdeburger Recht verlieh, gleichzeitig aber auch allen anderen Völkern, die in der Stadt wohnten – Armeniern, Juden, muslimischen Sarazenen, Ruthenen und anderen –, ihre hergebrachten Rechte bestätigte. Insgesamt sind aus dem 14. und dem frühen 15. Jahrhundert nur wenige innerstädtische Konflikte mit ethnischem oder konfessionellem Hintergrund belegt.

Polen als «Adelsrepublik»?
Die innere Verfassung im 16. Jahrhundert

Das politische System Polens in der Frühen Neuzeit wird in der Literatur häufig mit dem Begriff der «Adelsrepublik» charakterisiert, um damit die besondere «adelsdemokratische» Verfassungsentwicklung im Unterschied zu anderen Ländern Europas zu betonen. Unter «Republik» (*Rzeczpospolita, Res Publica*) verstanden die Zeitgenossen jedoch nicht den Verzicht auf die monarchische Spitze des Staatswesens oder ihre faktische Bedeutungslosigkeit, sondern – im ursprünglichen Wortsinn – «das, was alle angeht», vertreten durch die politische Nation. Verfassungsrechtlich war Polen in jener Zeit (ähnlich wie auch das Heilige Römische Reich Deutscher Nation) eine ständische Monarchie, in der neben dem König allerdings ausschließlich der Adel an der Herrschaftsausübung beteiligt war, während die übrigen Stände (v. a. Bürger und Bauern) weitgehend von der politischen Willensbildung ausgeschlossen waren. Die Geistlichkeit trat nicht als eigener Stand in Erscheinung, da der Adel den Zugang zum höheren Klerus monopolisiert hatte; auf Land- und Reichstagen war sie gemeinsam mit dem weltlichen Adel vertreten.

«Monarchia mixta»: König, Landtage und Reichstag (1454–1569)

Der Unionscharakter des Königreichs machte es erforderlich, dass sich der Monarch auf die Mitregierung der Stände stützte, da er nicht ständig in beiden Reichsteilen anwesend sein konnte. Könige, die lange Zeit nicht in Polen präsent waren, verließen sich bevorzugt auf den Hochadel und Reichstag. Dazu wurden die Inhaber der höchsten Landesämter (Wojewoden, Kastellane) sowie zentraler Landesämter (Kanzler, Schatzmeister etc.) gerechnet, die auch dem Königlichen Rat angehörten. Um seine Abhängigkeit vom Hochadel zu verringern, verbündete sich der König immer wieder mit dem mittleren Adel.

König Kazimierz IV. wandte sich im späten 15. Jahrhundert häufig mit seinen Vorschlägen direkt an die Landtage statt an den (damals noch allein den Hochadel repräsentierenden) Reichstag; seit 1493 bildeten dann die Abgeordneten der Landtage dort eine eigene Kammer. Die Landtage wurden jeweils vor dem Reichstag einberufen, um die königlichen Gesetzesinitiativen vorab zu beraten und ihren Vertretern Instruktionen mitzugeben, zum Teil aber zusätzlich danach, um über die Verhandlungen zu berichten. Im Jahre 1505 wurden in der Konstitution *Nihil novi* die Kompetenzen des Reichstags niedergelegt. Seine wichtigsten Rechte bestanden in der Bewilligung von Steuern sowie in der Einberufung des allgemeinen Aufgebots. Das Recht, die Reichstage einzuberufen und die Hauptpunkte festzulegen, hatte jedoch allein der König. Die königliche Kanzlei redigierte die Beschlüsse der Landbotenkammer vor ihrer Veröffentlichung.

Politisch wurde die Stellung des polnischen Königs zusätzlich durch den Umstand gestärkt, dass er (zumeist) auch Großfürst von Litauen war. Die Designierung für dieses Amt nahm in der Regel die Wahlentscheidung in Polen vorweg, wenn die Union nicht aufgelöst werden sollte. Zu Beginn des 16. Jahrhunderts zwangen die litauischen Interessen der Jagiellonen zusammen mit der aktuellen militärischen Bedrohung des Landes im Südosten die Monarchen zu größerer Aufmerksamkeit in ihren Erblanden, daher waren sie zu weitreichenden Zugeständnisse an den polnischen Adel bereit. Später nutzten sowohl Zygmunt I. (1467–1548, Kg. 1507) als auch Zygmunt II. August (1520–1572, Kg. 1548) ihre weitreichende Prärogative als Großfürsten von Litauen, um politische Konzepte auch gegen Widerstände im polnischen Adel durchzusetzen.

Bürger, Juden, Bauern

Die Städte nahmen anfangs nicht an Reichstagen teil, da sie darin eine Gefährdung ihrer königsunmittelbaren Stellung erblickten; später verhinderte der Adel eine Zulassung städtischer Vertreter (mit Ausnahme Preußens, wo die großen Städte eine starke Stellung auf dem Landtag besaßen und somit auch ihre Vertreter zum Reichstag wählen lassen konnten). Die Bürger besaßen jedoch weder hinreichendes ökonomisches Gewicht, um als Finanzpartner für die Krone besonders attraktiv zu sein, noch gelang es ihnen, eine wirksame überregionale Koordination ihrer Politik zu organisieren, um so ihren Belangen reichsweit hinreichend Gehör zu verschaffen.

Bis zur Mitte des 15. Jahrhunderts hatten die Städte von der allgemeinen Handelskonjunktur profitiert, doch immer häufiger ging die Privilegierung des Adels auf Kosten der städtischen Handelsrechte. Bürgerliche Monopole wie der Stapelzwang und das Gasthandelsverbot wurden zugunsten des Adels aufgebrochen; auf der anderen Seite war dem Bürgertum der Aufstieg in die Reihen des Kleinadels, der Szlachta, seit dem Ende des 15. Jahrhunderts theoretisch verwehrt.

Am frühesten machte sich die neue Konkurrenz in den großen Städten bemerkbar. Die Bürger versuchten nun, innerhalb der Stadt ihre Stellung auf Kosten des jüdischen Handels und Handwerks zu stärken. 1485 zwang die Krakauer Bürgerschaft der jüdischen Gemeinde ein restriktives Abkommen auf, das den jüdischen Handel fast vollständig zum Erliegen gebracht hätte, wenn die Bürger über die Machtmittel verfügt hätten, seine Einhaltung auch durchzusetzen. Die Juden wahrten konsequent ihre rechtliche Autonomie gegenüber den städtischen Gerichten, während andere nichtkatholische Bevölkerungsgruppen (vor allem die Ruthenen und Armenier) im 16. Jahrhundert immer stärker der Oberhoheit der katholischen Bürgergemeinde unterworfen wurden.

Nach der Wende zur Neuzeit verschlechterte sich die rechtliche wie wirtschaftliche Lage der polnischen Bauern. Um die Getreideproduktion für den Export zu intensivieren, waren die

Gutsherren stärker als vorher an der bäuerlichen Arbeitskraft interessiert und strebten danach, die bislang in den deutsch-rechtlichen Dörfern bestehende weitgehende Freizügigkeit aufzuheben. Ein weiterer Einschnitt erfolgte 1518, als König Zygmunt sich erstmals weigerte, eine Appellation von Bauern gegen Urteile ihrer Grundherren an königliche Gerichte zuzulassen. Derartig gestärkt in ihrer Rechtshoheit über die Bauern, begannen die Grundherren, sich immer mehr Vorkaufsrechte für bäuerliche Produkte zu sichern, die sie zu diktierten Fixpreisen erwarben und danach mit Gewinn auf dem Markt weiterverkauften. Die Bauern wurden so zusehends vom Markt verdrängt. Mit ihrer stärkeren Einbindung in die Gutswirtschaft wurde auch die dörfliche Selbstverwaltung aufgehoben und die Unterordnung unter die Patrimonialgewalt des Grundherren verstärkt. Die Schollenbindung war aber nicht so drückend, wie es die Gesetze vorgaben, denn die Gutsherren hatten nur sehr geringe Möglichkeiten, Städte oder andere Grundherren zu zwingen, «entlaufene» Bauern wieder auszuliefern.

Polen und Litauen:
Der Weg zur Union von Lublin 1569

Die dynastische Union von 1386 hatte zwar Litauen «auf ewig» mit der Krone Polen verbinden sollen, doch das Großfürstentum blieb auch weiterhin ein eigenständiger Faktor in der ostmitteleuropäischen Politik. Mehrfach während des 15. und 16. Jahrhunderts wählten die litauischen Großen nicht den polnischen König, sondern einen anderen Vertreter des Jagiellonenhauses zum Großfürsten, und zweimal entschieden sich die polnischen Großen nach dem Tod ihres Königs für die Wahl des amtierenden Großfürsten, um die Union wiederherzustellen.

Seit dem Ende des 15. Jahrhunderts nahm die Bedrohung Litauens durch die militärische Expansion Moskaus zu. Der Krieg 1501–1503, in dem auch der Deutsche Orden in Livland an der Seite Litauens kämpfte, endete mit weiteren territorialen Verlusten. Seit 1480 wurden die ukrainischen Gebiete Litauens zudem immer wieder von tatarischen Truppen geplündert. Da reguläre

Truppen nicht in der Lage waren, der Einfälle Herr zu werden, förderte man die Kosaken, locker organisierte bewaffnete Einheiten, die in den Grenzgebieten zur Goldenen Horde lebten. Der verbliebene ukrainische Adel arbeitete zudem eng mit seinen Standesgenossen im polnischen Podolien und in Rotreußen zusammen, die ebenfalls von den Tatarenzügen betroffen waren. Litauen war innerhalb des Unionsreichs im 16. Jahrhundert deutlich zum schwächeren Partner geworden. Obwohl der litauische Hochadel weiterhin sehr auf die Wahrung der Unabhängigkeit bedacht war, neigten die Bojaren einer engeren Anbindung an Polen zu, die auch ihre politische Stellung (analog zur polnischen Szlachta) stärken würde.

In Polen bündelten sich in der Mitte des 16. Jahrhunderts unter dem Namen «Durchsetzung der Rechte» (*egzekucja praw* – daher der Name «Exekutionsbewegung») eine Reihe von Reformprojekten, welche die Funktionsfähigkeit des Reiches garantieren und die Kontrollrechte des Reichstags gegenüber dem König stärken sollten. Zudem sollte der König wieder in die Lage versetzt werden, aus den Mitteln der Krondomänen ein schlagkräftiges Heer zu unterhalten, ohne den Adel bei militärischen Expeditionen mit neuen Abgaben belasten zu müssen. Steuerprivilegien für die Kirche oder einzelne Provinzen sollten abgeschafft werden. Der wichtigste Punkt jedoch betraf die stärkere Integration des Jagiellonenreichs. Regionale Sonderrechte (für das königliche Preußen oder Masowien) sollten beseitigt und das Großfürstentum Litauen durch eine engere Union dauerhaft mit der Krone Polen verbunden werden, um auch nach dem Erlöschen der Dynastie die Reichseinheit zu sichern.

Auf dem gemeinsamen polnisch-litauischen Reichstag 1569 in Lublin wurden die wichtigsten Reformpunkte verabschiedet, obwohl die litauischen Magnaten bereits nach wenigen Wochen die Versammlung heimlich verließen. Doch auch dieser Schritt konnte die Entwicklung nicht mehr aufhalten. Per Dekret vereinigte der König erst Podlachien und Wolhynien, später auch die Ukraine mit Polen (wodurch sich das Territorium der Krone Polen mehr als verdoppelte). Kurz darauf beschlossen die anwesenden Vertreter des polnischen und litauischen Adels den Vollzug einer neuen Union, die beide Länder als «ein unteilbares und unzertrennbares Ganzes, eine unteilbare und gemeinsame Republik (*Rzeczpospolita*), zwei Staaten und Nationen zu einem Volk vereinigt und zusammenfügt» (Art. 3 des Unionsvertrags). Damit war die parlamentarische Union an die Stelle der Dynastie als einender Klammer des Unionsreichs getreten, mit einem gemeinsamen Reichstag, gemeinsamer Außen- und Münzpolitik, allerdings auch weiterhin getrennter Verwaltung sowie einem jeweils eigenen Finanz- und Heerwesen.

Reformation, katholische Erneuerung und die Kirchenunion von 1596

Die Reformationsbewegung wies in Polen andere Schwerpunkte auf als z. B. in den deutschen Territorien. Zwar gelangten die Lehren Luthers durch die engen Verbindungen der polnischen Städte zu den ostdeutschen Reformationszentren ins Land, doch die von dort entsandten Prediger beherrschten anfangs in der Regel das Polnische nicht. Sie erreichten somit vorwiegend das deutschsprachige Bürgertum, so dass die Lutheraner recht bald als eine rein «bürgerliche» Bewegung galten. Im Adel fanden die Lehren Calvins deutlich größeren Anklang.

Die katholische Kirche wiederum bemühte sich zunächst, die Reformationsbewegung durch Verbote einzudämmen, und wandte sich an König Zygmunt I. Dieser erließ bereits 1521 (noch vor der kaiserlichen Bannbulle gegen Luther) ein entsprechendes Verbot, zögerte aber, die Protestanten wirklich verfolgen zu lassen. Seinem Neffen Albrecht von Hohenzollern gewährte er seinen Schutz, als dieser 1525 den Deutschen Orden in Preußen säkularisierte, zum Protestantismus übertrat und sein Land in ein weltliches Herzogtum umwandelte. Ebenso weigerte er sich, gegen protestantische Adelige, selbst in seiner engsten Umgebung am Hof, vorzugehen. Diese Linie verfolgte auch sein Sohn Zygmunt II. August bis zu seinem Tod 1572. Erst in der Zeit der Wahlkönige wuchs der Einfluss der katholischen Kirche so sehr, dass allmählich die Nichtkatholiken aus der Umgebung des Königs verdrängt wurden.

Im Kampf gegen die Reformation setzte die Kirche zunächst auf die geistliche Gerichtsbarkeit, deren Urteile seit dem 15. Jahrhundert von der weltlichen Verwaltung exekutiert werden mussten. Dies rief massiven Widerstand im Adel hervor. 1552 erzwang der Reichstag die Aussetzung aller Ketzerprozesse, 1558/59 die Aufhebung der geistlichen Gerichtsbarkeit über alle Streitigkeiten mit Nichtklerikern.

Nachdem sich die verschiedenen protestantischen Strömungen 1570 in Sandomierz auf eine gemeinsame Glaubensformel geeinigt hatten, schien es, als sei der katholischen Kirche ein gleichberechtigtes Gegenüber erwachsen. Die Generalkonföderation von Warschau bestätigte 1573 den Grundsatz der Glaubenstoleranz mit den Stimmen des protestantischen wie katholischen Adels. Diese Bestimmungen mussten fortan von jedem König vor seiner Wahl beschworen werden. Dies legte die Grundlage für das Bild Polens als «Land ohne Scheiterhaufen» (Jan Tazbir). Die Wahl der Religion blieb eine Frage der persönlichen Entscheidung, es gab weder Fürstenreformation noch Religionskriege.

Als sich die katholische Kirche auf dem Konzil von Trient (1545–1563) programmatisch und liturgisch erneuerte, setzte der ermländische Bischof Stanisław Hosius diese Bestimmungen umgehend, nämlich bereits 1564 in Polen durch. Er rief den Jesuitenorden ins Land, der im Braunsberger Priesterseminar ein geistiges Zentrum des neuen Katholizismus errichtete. Sein prominentester Angehöriger in Polen, Piotr Skarga, wirkte durch seine auch im Druck erschienenen Predigten auf den Reichstagen, in denen er offen auch soziale und politische Missstände anklagte. Daneben besaß Skarga als Hofprediger Zygmunts III. einen nicht zu unterschätzenden Einfluss auf den König, und er erreichte auch breitere Bevölkerungsschichten mit seinem Hauptwerk «Die Leben der Heiligen» (*Żywoty Świętych*, 1579).

Skarga gehörte zu den lebhaftesten Befürwortern einer Kirchenunion mit der orthodoxen Kirche. Dieser Gedanke fand auch bei König Zygmunt III. Unterstützung, denn man befürchtete, dass der Moskauer Großfürst Anspruch auf die Oberhoheit über die orthodoxe Bevölkerung in Polen-Litauen erheben würde. Offiziell war die unierte Kirche dem Papst unterstellt, doch sollten die slawische Liturgie und die Priesterehe beibehalten werden. Auf der Synode von Brest wurde 1596 die Union offiziell vollzogen, doch wegen des Widerstands einiger orthodoxer Bischöfe kam es faktisch zu einer Kirchenspaltung. Der Versuch, die orthodox gebliebenen Diözesen nach dem Tod der Amtsinhaber mit unierten Bischöfen zu besetzen, schlug fehl. Um 1620 hatte sich neben der unierten erneut eine flächendeckende orthodoxe Hierarchie etabliert, die 1632 auch offiziell wieder anerkannt wurde. Die unierte Kirche besaß für den ruthenischen Adel nur äußerst geringe Anziehungskraft, weil die Unierten nicht die versprochene Gleichstellung mit den Katholiken erlangten; daher traten viele ruthenische Familien direkt zum Katholizismus über, andere hingegen blieben demonstrativ ihrem orthodoxen Bekenntnis treu.

Europäische Großmachtpolitik im Zeitalter der Religionskriege

Außenpolitische Weichenstellungen und neue Konflikte

Die Säkularisierung Preußens als Lehnsherzogtum 1525 stellte die Beziehungen Polens zu seinem nördlichen Nachbarn auf eine neue Grundlage und sicherte den polnischen Märkten endlich den ungehinderten Zugang zur Ostsee. König Zygmunt II. August wiederum verfolgte ähnliche Pläne gegenüber Litauen und dem mit diesem inzwischen verbündeten vorgelagerten Livland. Die polnischen Stände standen den Livlandplänen des Königs sehr reserviert gegenüber, denn eine Stärkung Litauens hätte auch die Stellung des Monarchen gefestigt und die von der «Exekutionsbewegung» angestrebten Reformen als weniger dringlich erscheinen lassen.

Nach dem russischen Angriff auf Livland 1558 unterstellten sich der Deutsche Orden in Livland sowie der Erzbischof von

Riga 1561 dem polnischen König. Militärisch engagierte sich zunächst allein Litauen; die polnischen Stände waren nicht bereit einzugreifen, solange die Union mit Litauen nicht zustande kam. Nach dem Tod Zygmunt Augusts 1572 entspannte sich die militärische Lage ein wenig, die Kampfhandlungen in Livland und Litauen ruhten weitgehend bis zur Königswahl Stefan Batorys (1533–1586) im Jahre 1576.

Als 1577 die Kämpfe in Livland wieder aufflammten, gelang es dem neuen König und seinem engsten Berater, Krongroßkanzler Jan Zamoyski, die vereinten Kräfte Polens und Litauens zu mobilisieren. So konnten zunächst die russischen Truppen aus Litauen verdrängt und später, in Zusammenarbeit mit Schweden, auch in Livland besiegt werden. Mit dem Waffenstillstand von Jam Zapol'skij 1582 endete der Livländische Krieg. Der russische Vorstoß an die Ostsee war gescheitert, die Livländische Konföderation zwischen Schweden (Fürstentum Estland) und Polen-Litauen (Provinz Livland sowie Kurland als Lehnsherzogtum) aufgeteilt. Die Zusammenarbeit zwischen den beiden Ostseereichen schien eine gute Perspektive zu haben: Nach dem Tod Stefan Batorys wählten die polnischen und litauischen Stände 1587 den Sohn Johanns III. von Schweden, Zygmunt III. Wasa (1566 bis 1632), zum König, und nach dem Ableben seines Vaters 1592 bestieg Zygmunt auch den schwedischen Thron, konnte sich aber nicht gegen seinen Onkel Karl (IX.) behaupten. Damit begann eine dynastische Auseinandersetzung, in der Zygmunt von den polnisch-litauischen Ständen nur halbherzig unterstützt wurde.

Auf einem wichtigen außenpolitischen Konfliktfeld, dem Zartum Moskau, trafen sich jedoch die Interessen des Königs mit denen breiter Adelsschichten. Die polnisch-litauischen Magnaten griffen mehrfach mit Rückendeckung des Königs in die dortigen Thronwirren nach dem Aussterben der Rurikidendynastie ein und besetzten 1610 kurzfristig auch Moskau. Pläne für eine dynastische Union zwischen dem Moskauer Reich und Polen-Litauen scheiterten allerdings an Widerständen auf beiden Seiten.

Viel wichtiger als das Moskauer Abenteuer waren die Probleme an der Südostgrenze Polen-Litauens. Aufstände und Einfälle von Kosaken und Tataren verwüsteten immer wieder die ukrainischen Grenzgebiete zum Osmanischen Reich; die ukrainischen Magnaten griffen ihrerseits eigenmächtig in die Politik der Moldaufürstentümer ein, die das Osmanische Reich als zu seiner Einflusszone gehörig betrachtete. Als der Hospodar der Moldau im Jahre 1620 polnische Hilfe gegen den vom Sultan gestützten siebenbürgischen Wojewoden erbat, kam es zum Krieg gegen das Osmanische Reich, der im folgenden Jahr mit einem Waffenstillstand beendet wurde.

Im Norden nutzte zur gleichen Zeit Gustav Adolf von Schweden, der Sohn Karls IX., den polnisch-osmanischen Krieg, um einen Kriegszug gegen Livland zu beginnen. Innerhalb weniger Monate besetzte er den größten Teil der Provinz und nahm die Stadt Riga ein. Zygmunt III. drang darauf, den Kampf um Livland aufzunehmen, doch der Reichstag war nicht bereit, sich für die dynastischen Interessen des Königs einspannen zu lassen. Mit dem Waffenstillstand von Altmark 1629 ging der größte Teil von Livland an Schweden verloren.

Wahlkönigtum und Aufstieg der Magnaten

Seit dem Tod König Zygmunts II. 1572 wurde den Kandidaten für die Königswürde neben einer Wahlkapitulation, den sog. *Pacta Conventa,* auch eine Liste von Artikeln zur Unterschrift vorgelegt, welche die wesentlichen Freiheitsrechte des Adels enthielten. Diese wurden nach Heinrich von Valois, der sie als erster beschwor, *Articuli Henriciani* genannt. Der neue König wurde Anfang 1574 in Krakau gekrönt, verließ das Land aber schon nach wenigen Monaten heimlich, um als Heinrich III. in Frankreich die Nachfolge seines verstorbenen Bruders, König Karls IX., anzutreten.

Im darauffolgenden Interregnum setzte sich 1576 der Wojewode von Siebenbürgen, Stefan Batory durch. Jan Zamoyski, sein engster Berater, hatte ihm die Unterstützung der Szlachta gesichert; im Gegenzug stieg er 1578 zum Kanzler und 1581 zum Krongroßhetman auf. Nach Batorys Tod 1586 ebnete Zamoyski auch dem nächsten König, Zygmunt III. Wasa, den Weg auf den

Thron. Als der neue König begann, als Gegengewicht zu Zamoyski eine Hofpartei um sich zu scharen, wurde der Kanzler unterdes mehr und mehr zum Wortführer der adligen Opposition im Lande. Zygmunt wurde vorgeworfen, im Interesse der Dynastie die adeligen Freiheiten und die Grundsätze der Glaubenstoleranz zu verletzen. 1607 kam es zu einer Adelsfronde gegen den Monarchen. Zygmunt III. konnte sich zwar militärisch gegen die Aufständischen durchsetzen und verzichtete danach sogar auf ein Strafgericht gegen die Anführer, aber die Entfremdung zwischen dem Königtum und der vom Adel verkörperten Republik konnte nicht überwunden werden.

In den letzten Regierungsjahren Zygmunts III. sowie unter der Herrschaft seines Sohnes Władysław IV. wurde die Entfremdung zwischen König und Ständen noch größer. Im engen Bündnis mit der Monarchie wuchs die Bedeutung der katholischen Kirche, während die beschworene Glaubenstoleranz sichtlich abnahm. Zum offenen Bruch damit kam es auf dem Reichstag 1632, als ein Verbot verabschiedet wurde, neue protestantische oder orthodoxe Kirchen zu errichten.

Die Zeit nach dem Ende der Jagiellonendynastie und dem Abschluss der Lubliner Union war jedoch auch von den weiterhin vorhandenen Spannungen zwischen den Reichsteilen bestimmt. Vor allem das Engagement in Livland hatte gezeigt, wie sehr die Interessen Polens und Litauens auseinander liefen. Der regionale Antagonismus kam vor allem in Bezug auf die militärischen Lasten der beiden Reichshälften immer wieder zum Durchbruch.

Dies erschwerte es dem König zusätzlich, z. B. finanzielle Forderungen auf dem Reichstag durchzusetzen. Daher wandten sich die Monarchen im 17. Jahrhundert häufiger an die einzelnen Landtage bzw. Generallandtage der Provinzen, um ihre Anliegen in direkten Verhandlungen mit den Interessierten durchzusetzen. (Neben Litauen als Gesamtheit wurden Großpolen mit Masowien, Preußen und Podlachien sowie Kleinpolen mit Rotreußen, Podolien, Wolhynien und der Ukraine als Provinzen bezeichnet; der preußische Generallandtag tagte unabhängig vom großpolnischen.) Als Folge davon wurde die regionale Ämterhierarchie

Wahlkönigtum und Aufstieg der Magnaten 39

ausgebaut, und regionale Beamte übernahmen zahlreiche Funktionen, die bis 1569 allein der zentralen Ebene vorbehalten gewesen waren.

In jener Zeit wuchs in der Ukraine ein neuer Konfliktherd heran, dessen sichtbarster Ausdruck die Kosakenaufstände waren. Nach dem Übergang der südöstlichen Wojewodschaften Litauens an die Krone Polen 1569 bauten vor allem aus Kleinpolen stammende Adelsgeschlechter dort umfangreiche Besitzkomplexe auf, zum Teil auf Grund königlicher Verleihungen, zum Teil aber auch durch Besiedlung von Ländereien, die nach den Tatareneinfällen wüst lagen und ihnen daher als herrenlos galten. Nicht selten konkurrierten magnatische Besitztitel mit den Ansprüchen lokaler «kosakischer» Adeliger. Hinzu kamen konfessionelle Gegensätze: Die magnatische Oberschicht war katholisch oder wandte sich in den Jahrzehnten nach 1569 häufig dem Katholizismus zu, während die übrige Bevölkerung, einschließlich der Kosaken, überwiegend orthodox blieb. Weiteres Konfliktpotential bot der Umstand, dass viele Magnaten nicht vor Ort residierten, sondern ihre Güter durch jüdische Pächter verwalten ließen. Die jüdischen ökonomischen Eliten waren in den ruthenischen Provinzen beider Reichshälften traditionell eng in die Wirtschaftsverwaltung (Zoll-, Steuerpacht, auf niedrigerer Ebene in der Pacht von Schenken und Mühlen) eingebunden. Die im späten 16. Jahrhundert einsetzende Kolonisationswelle bot der jüdischen Bevölkerung große Entfaltungsmöglichkeiten, so dass Polen-Litauen im 17. und 18. Jahrhundert zum wichtigsten Siedlungszentrum der Juden in Europa wurde.

Einige Magnaten (z. B. Jarema Wiśniowiecki) unterhielten eigene bewaffnete Verbände, um gegen die Kosaken vorzugehen, da sie sich von der Regierung nicht ausreichend unterstützt sahen. Sie waren auch immer weniger bereit, von König und Reichstag verabschiedete Abkommen mit den Kosaken und dem Osmanischen Reich zu akzeptieren, sondern setzten ihre Interessen eigenmächtig durch. Wegen ihrer unabhängigen Stellung in den Grenzgebieten des Reiches wurde sie von den Zeitgenossen mitunter als «Kleinkönige» (*królewięta*) bezeichnet.

Die Auseinandersetzungen um die Ukraine-Politik bildeten

den Hintergrund für das Scheitern der Reichstage von 1652. Erstmals ging eine solche Versammlung auseinander, weil eine Gruppierung durch ihren Einspruch weitere Beratungen verhinderte. Es war nicht das erste Mal, dass eine Partei den Reichstag verließ, um sich dem Druck zu entziehen, welcher dem Prinzip der Einstimmigkeit innewohnte. Doch in diesem Fall kamen die tagenden Stände zu dem Schluss, dass eine Fortsetzung der Beratungen keinen Sinn habe, weil die Beschlüsse nicht ohne Mitwirkung jener Opposition durchgesetzt werden konnten. Somit markierte das erste «*Liberum veto*» den Triumph partikularer über gesamtstaatliche Interessen.

Militärische Bedrohungen und innere Krise seit der Mitte des 17. Jahrhunderts

Als sich 1648 die bislang eher lokalen Konflikte mit den Kosaken zu einem großflächigen Aufstand ausgeweitet hatten, bei dem weder militärisch noch auf dem Verhandlungswege eine Lösung erreichbar schien, wandte sich ihr Anführer Bogdan Chmielnicki an den Moskauer Zaren und bot ihm 1654 die Oberherrschaft über die Kosakengebiete an. Daraufhin erklärte Moskau Polen-Litauen den Krieg, griff aber nicht in der Ukraine an, sondern im Norden des Großfürstentums Litauen.

Der Moskauer Machtzuwachs beunruhigte auch Schweden, daher bot es dem polnischen König an, gemeinsam gegen Moskau vorzugehen. König Jan Kazimierz (1609–1672), hielt die daran geknüpften Bedingungen für unannehmbar und lehnte ab. Darauf griffen schwedische Truppen Polen-Litauen an und eroberten in schnellem Vormarsch große Teile Großpolens und Kujawiens, während die Moskauer Armee fast das gesamte Großfürstentum Litauen einschließlich der Hauptstadt Wilna besetzte. Große Teile der politischen Öffentlichkeit waren der Ansicht, der König habe dynastischen Ehrgeiz über die Interessen der Republik gestellt. Sowohl das großpolnische Aufgebot als auch die Litauer suchten daraufhin den Ausgleich mit dem Angreifer. 1655 unterzeichnete der litauische Großhetman Janusz Radziwiłł einen Unterwerfungsvertrag, mit dem die polnisch-litauische Union zugunsten einer schwedisch-litauischen Personalunion für aufgelöst erklärt wurde.

Doch die schwedische Besatzung erwies sich schnell als unerträglich, da sich die Truppen «aus dem Land ernährten» und die Bevölkerung ausplünderten. Als es gelang, das von den Schweden belagerte Kloster Tschenstochau zu verteidigen, galt dies als göttlicher Fingerzeig und stärkte die Stellung des Königs wieder. Kurz darauf scharte Jan Kazimierz in Lemberg den katholischen Adel um sich und proklamierte die Jungfrau Maria zur Königin Polens. Auch die anderen Kriegsparteien bedienten sich konfessioneller Losungen, um Anhänger für ihre Lager zu werben: Die Schweden traten als Schutzmacht der Protestanten auf; Moskau verkündete, für die Rechte der orthodoxen Bevölkerung zu streiten. Schweden und Kosaken organisierten zudem antijüdische Ausschreitungen. Die Pogrome der Kosakenkriege zeigten, dass der Hass der Aufständischen nicht nur sozial motiviert war – zwar wurden neben den jüdischen Pächtern auch christliche Gutsbesitzer ermordet, doch berichten jüdische Chroniken von zahlreichen Orten, wo die Juden von den Kosaken zur Taufe gezwungen werden sollten, aber lieber in den Tod gingen.

Allmählich gelang es den polnischen Verbänden, die schwedischen Truppen aus dem Land zu verdrängen. Livland blieb weiterhin bei Schweden, das Herzogtum Preußen erlangte durch eine geschickte Schaukelpolitik zwischen den Bündnissen 1657 die Souveränität. Das polnische Heer war nun frei für eine Intervention in der Ukraine, wo die Moskauer Truppen jedoch nur zum Teil zurückgedrängt werden konnten. Im Waffenstillstand von Andrussovo (1667) wurde die Ukraine entlang des Dnjepr geteilt – das linksufrige Gebiet einschließlich Kievs fiel an Moskau, der größte Teil der rechtsufrigen Ukraine blieb bei Polen.

Die Einsicht, dass tiefgreifende Reformen nötig seien, um in Zukunft solchen Bedrohungen besser entgegentreten zu können, war beim Hof, bei den Magnaten und beim Adel allgemein vorhanden, doch über den Weg herrschte tiefe Uneinigkeit. Letztlich ging es um die Frage, ob eine Stärkung des Königs helfe, die Schwierigkeiten der Republik zu überwinden, oder ob dies die

Krise nicht vertiefe. Jan Kazimierz versuchte 1655/66 mit französischer Unterstützung, die Wahl eines von ihm designierten Nachfolgers zu seinen Lebzeiten durchzusetzen, und provozierte damit einen bewaffneten Aufstand (*rokosz*). 1668 dankte er als König ab.

Um dynastische Interessenkonflikte zu vermeiden, wurden in den folgenden Königswahlen einheimische Magnaten gewählt. Michał Korybut Wiśniowiecki (1640–1673) konnte während der vierjährigen Regierungszeit seinem Königtum kaum Geltung verschaffen; Jan III. Sobieski (1629–1696), der sich als Feldherr in den Kriegen gegen das Osmanische Reich einen Namen gemacht hatte, besaß hingegen eine ungleich breitere Machtbasis als sein Vorgänger. Außenpolitisch lehnte er sich an die Habsburgermonarchie an, um den Kampf gegen die osmanische Expansion wieder aufzunehmen. Mit der Losung von der «Vormauer der Christenheit» konnte er auch den polnisch-litauischen Adel mitreißen; mit einem großen Heer zog der König 1683 nach Wien, das von den Truppen des Sultans belagert wurde. Allerdings konnte Jan III. aus seinen militärischen Siegen keinen diplomatischen Nutzen ziehen; die osmanische Besatzung der rechtsufrigen Ukraine endete erst 1699.

In der zweiten Hälfte des 17. Jahrhunderts erholte sich das Land nur langsam von den Zerstörungen der Kosakenkriege und der «schwedischen Sintflut». Schätzungen zufolge waren in der Jahrhundertmitte regional bis zu einem Drittel der Städte und Dörfer zerstört worden, die Getreideproduktion am Ende des Krieges auf weniger als die Hälfte des Standes von vor 1648 zurückgegangen. Im Militärbereich zeigten sich die ersten Zeichen strukturellen Verfalls. Das allgemeine Aufgebot war nicht länger in der Lage, den Berufsarmeen der anderen Staaten erfolgreich entgegenzutreten, doch die Landtage sahen sich angesichts der großen Kriegszerstörungen außerstande, die für ein stehendes Heer erforderlichen Mittel zu bewilligen. So wuchs das militärische Ungleichgewicht; selbst bevölkerungsarme Länder wie Brandenburg oder Schweden unterhielten am Ende des 17. Jahrhunderts Armeen von 70–100 000 Soldaten, während Polen-Litauen nur ca. 40 000 Söldner bezahlen konnte.

Politisch verlor der Reichstag nun zusehends an Bedeutung; der König regierte immer stärker an ihm vorbei. Dabei stützte er sich auf den Rat ausgewählter Senatoren, die er durch die Vergabe einflussreicher Reichsämter an sich zu binden suchte. Die Magnaten sicherten ihren Einfluss über eigene Klientelsysteme von politisch wie ökonomisch abhängigen Adeligen. Sowohl der König als auch führende Magnaten lehnten sich an äußere Mächte an (Frankreich, Brandenburg, Habsburgermonarchie), um Mittel zur Durchsetzung ihrer politischen Ziele zu erhalten. In der Folge wurden auch die Landtage allmählich in die landesweiten politischen Auseinandersetzungen hineingezogen. Anders als der Reichstag fanden sie allerdings Wege, trotz verhärteter politischer Fronten die Beschlussfassung zu sichern und ihre zahlreichen neuen Aufgaben in der Steuer- und Militärverwaltung effektiv wahrzunehmen.

Zwischen Preußen und Russland – das 18. Jahrhundert

Großer Nordischer Krieg und «negative Polenpolitik»

Bei der Königswahl 1697 war der Sohn des verstorbenen Jan III., Jakub Sobieski, ohne Chancen. Ein ausländischer Kandidat, Kurfürst Friedrich August von Sachsen (1670–1733, als polnischer König August II., «der Starke»), der erst kurz zuvor zum Katholizismus konvertiert war, setzte sich mit Unterstützung Zar Peters I. gegen den französischen Kandidaten, Prinz Conti, durch. Als König blieb er Kurfürst von Sachsen und somit Reichsfürst, lehnte sich außenpolitisch an Russland an und zog Polen-Litauen im Jahr 1700 in den Großen Nordischen Krieg hinein. Das Ziel des Königs, Livland als Erbterritorium für seine Dynastie zu gewinnen, zerschlug sich jedoch schnell. Bis 1704 waren weite Teile Litauens und Großpolens von schwedischen Truppen besetzt, und August II. wurde abgesetzt. Erst nach der

schwedischen Niederlage bei Poltava in der Ukraine 1709 rückte
er wieder nach Polen ein und wurde erneut als König anerkannt.

August II. nahm 1715 Geheimverhandlungen mit Friedrich
Wilhelm I. von Brandenburg-Preußen (seit 1701 «König in
Preußen») auf, um mit Hilfe preußischer Truppen doch noch
die absolute Herrschaft in Polen-Litauen durchzusetzen, doch
Peter I. von Russland verhinderte das geplante Abkommen. Als
die Verhandlungen bekannt wurden, schloss sich ein großer Teil
des Adels gegen den König zusammen (Konföderation von Tar-
nogród 1716). August II. wandte sich an den Zaren, der russische Truppen ins Land schickte. Unter massivem militärischem
Druck kam eine Übereinkunft zustande, in der August II. der
Kontrolle seiner Regierungstätigkeit durch ein Senatorenkolle-
gium zustimmen musste, der Adel hingegen zentralen Forderungen des königlichen Lagers nachgab: Es wurde ein stehendes
Heer von 24 000 Soldaten unter königlichem Oberbefehl eingerichtet. Zum Schutz der generellen Finanzen führte der «stum-
me» Reichstag 1717, auf dem die Vereinbarungen ohne Aus-
sprache beschlossen wurden, zudem eine allgemeine Kopfsteuer
ein. Damit war ein wesentlicher Teil der Staatsfinanzen nicht
mehr politisch instrumentalisierbar und das Risiko gemindert,
durch Parteienkämpfe die Verwaltung zu paralysieren.

Am Ende des Großen Nordischen Krieges 1721 war die Stellung Polen-Litauens im europäischen «Konzert der Mächte» so
weit zerstört, dass Zar Peter I. sogar die Teilnahme des Landes
an den Friedensverhandlungen im finnischen Nystad (Uusikau-
punki) verhindern konnte; erst 1732 wurde der Kriegszustand
für Polen-Litauen offiziell beendet. Die militärische Katastro-
phe und die großen Zerstörungen des Krieges hatten die Gesellschaft stark verunsichert, Misstrauen gegen alles als fremd oder
ausländisch Empfundene prägte die zweite Regierungsperiode
Augusts II. Besonders deutlich zeigte sich dies in einer demon-
strativen Stärkung des Katholizismus: Im Jahre 1717 wurde erneut die Jungfrau Maria zur Königin Polens ausgerufen, ein
Jahr später schied der letzte protestantische Landbote aus dem
Reichstag aus.

In dieser Atmosphäre kam es 1724 zu einem Vorfall, der die

Öffentlichkeit in ganz Europa beschäftigte. In Thorn war nach Auseinandersetzungen zwischen protestantischen und katholischen Schülern das Jesuitenkolleg gestürmt und geplündert worden, wobei der protestantische Rat nur zögerlich zum Schutz der Jesuiten einschritt. Daraufhin ordnete ein königliches Gericht eine Untersuchung der Vorfälle an, verurteilte die Bürgermeister und mehrere Ratsmitglieder zu Tode und ordnete die Einsetzung von Katholiken an ihrer Stelle an. Die harten Repressionen riefen in den europäischen Hauptstädten Empörung hervor. Preußen und Russland nutzten die Gelegenheit, sich zu Schutzmächten für die Nichtkatholiken in Polen-Litauen zu erklären. Im Jahre 1730 schlossen sie einen förmlichen Allianzvertrag über die Garantie für die religiösen Freiheiten der «protestantischen und orthodoxen Dissidenten» – einer Freiheit, wie sie Angehörige religiöser Minderheiten weder in Preußen noch in Russland selbst genossen.

Kurz vor dem Tod Augusts II. schlossen die «drei schwarzen Adler» – Preußen und Russland, ergänzt durch Österreich – ein Abkommen, den sog. «Löwenwoldeschen Traktat». Sie würden einander unterstützen, um einen ihnen genehmen Kandidaten auf den Thron zu heben. Der ursprünglich favorisierte Graf Conti konnte jedoch auch jetzt keine Anhängerschaft gewinnen, und so einigten sich Russland und Österreich, den Sohn Augusts II. zu unterstützen, der 1736 als August III. (1696–1763) den Warschauer Thron bestieg.

Als im Jahre 1740 Friedrich II. von Preußen das österreichische Schlesien angriff, wurde die Allianz der drei schwarzen Adler auf eine Belastungsprobe gestellt. August III. versuchte, durch wechselnde Bündnisse die diplomatische Position seiner Länder zu stärken; er konnte aber nicht verhindern, dass Preußen 1745 den Besitz Schlesiens behauptete und so einen territorialen Keil zwischen Sachsen und Polen trieb. Im Siebenjährigen Krieg, den Friedrich II. 1756 mit seinem Angriff auf Sachsen begann, blieb Polen-Litauen formell neutral, es wurde allerdings durch die preußische Taktik des Wirtschaftskrieges ebenfalls geschädigt. Mit dem russischen Bündniswechsel 1762 und dem Regierungsantritt der Zarin Katharina II. im Jahr darauf konnte der Krieg für Preußen erfolgreich beendet werden. In den Friedensverhandlungen musste sich Österreich mit dem preußischen Machtgewinn und dem Verlust Schlesiens abfinden.

Stadt und Land vor der Aufklärung

Der Wiederaufbau nach dem Großen Nordischen Krieg setzte auch diesmal an der Gutswirtschaft an, da sie das Rückgrat der ökonomischen Stellung des Adels bildete. An eine Rückkehr zur exportorientierten Getreidewirtschaft war allerdings nicht zu denken, denn die ausländischen Märkte waren im Rahmen merkantilistischer Politik zunehmend von Importen abgeschirmt. Daher setzten die Gutsherren auf eine Intensivierung der Wertschöpfung vor Ort, indem sie – vor allem im Südosten des Landes – das Getreide zu Branntwein verarbeiteten und zum Teil zwangsweise an ihre eigenen Bauern verkauften (Propination). Die herrschende Leibeigenschaft nahm den Bauern die Möglichkeit, auf den Märkten eigene Überschüsse zu verkaufen, so dass sie zusehends verarmten.

Etwas günstiger sah die Lage in Großpolen aus. Dort setzten die Gutsbesitzer stärker auf Viehzucht, besonders von Schafen zur Textilproduktion. Das großpolnische Wirtschaftsmodell bezog vor allem auch die adeligen Städte mit ein, die sich so ebenfalls von den Kriegszerstörungen erholen konnten. In der zweiten Hälfte des 18. Jahrhunderts gewann das Bürgertum damit erneut eine Bedeutung im wirtschaftlichen (und politischen) Leben des Landes.

Dabei blieb aber das traditionelle Gefälle zwischen den nördlichen und westlichen Regionen gegenüber dem Süden und Osten erhalten. In den ruthenischen Gebieten Polens und Litauens blieben die Städte zumeist klein und als Handels- und Handwerkszentren eng in die Gutswirtschaft eingebunden; in der Regel besaßen sie auch keine Autonomierechte. Die adeligen Stadtherren sahen es nicht gern, wenn Bauern in die Städte abwanderten. Da in jener Zeit auch kein nennenswerter Zuzug von Bürgern aus dem Ausland erfolgte, konnte sich vor allem im Südosten kein genuines Stadtbürgertum entwickeln.

So nahm die jüdische Bevölkerung die Stelle eines «Ersatz-bürgertums» (Jacob Goldberg) ein; viele Kleinstädte in den ruthenischen Gebieten Polens und Litauens waren in der großen Mehrheit von Juden bewohnt (aber auch in den Städten im Nordwesten stellten sie zumeist ca. ein Drittel der Einwohner). Im 18. Jahrhundert wuchsen mit Adelsstädten wie Lissa in Großpolen oder Brody in Rotreußen neue Zentren heran, die den alten jüdischen Metropolen wie Posen oder Lemberg die Führungsrolle streitig machten; nur die Krakauer Gemeinde konnte ihre Stellung die ganze Zeit hindurch behaupten. Seit der Mitte des 17. Jahrhunderts wuchsen aber infolge der Kriegs-lasten die Schulden der jüdischen Gemeinden immer stärker an, bis sie schließlich zu einem nicht geringen Teil zahlungsunfähig wurden. Im 18. Jahrhundert stellten dann neue Strömungen wie der Chassidismus und die jüdische Aufklärung (Haskalah) die traditionellen Strukturen auch von innen her in Frage.

Die Reformdiskussion
in der Mitte des 18. Jahrhunderts

Die Innenpolitik von August III. stand im Zeichen einer inten-siven Reformdebatte mit dem Ziel einer Neuordnung des Hee-res- und Steuerwesens zum Wohle der gesamten Republik und nicht allein des Herrschers. Auf dem Pazifikationsreichstag 1736 wurden August III. als Preis für die Anerkennung seiner Herrschaft Einschränkungen auferlegt, die einen Einsatz der königlichen Machtmittel gegen die Interessen der Republik in Zukunft verhindern und Polen-Litauen damit aus dynastisch motivierten Krisen heraushalten sollten.

Auf dem Reichstagsforum standen sich vor allem zwei Partei-ungen gegenüber: Vertreter des alten Hochadels, geführt von der propreußischen Familie Potocki («Patrioten»), sowie das zu Russland tendierende Lager um die Familie Czartoryski («Fa-milia»). Das politische Programm der «Familia», durch Akzep-tanz der russischen Hegemonie Spielräume für inneren Refor-men zu suchen, schien auch dem Hof aussichtsreich. Angesichts wachsender Spannungen zwischen dem Hof und dem Reformlager versuchte August III. im letzten Jahrzehnt seiner Regierung, seine Unabhängigkeit und vor allem die Thronfolge für seinen Sohn durch eine «pragmatische» Schaukelpolitik zwischen den politischen Gruppierungen zu sichern. Die Lähmung der Reichspolitik konnte so nicht überwunden werden.

Die tiefe politische Krise der zentralen Gewalten war allerdings nicht gleichbedeutend mit einem völligen Stillstand der öffentlichen Verwaltung. Viele Magnaten setzten sich unter sächsischem Einfluss mit merkantilistischen Theorien auseinander und führten auf ihren Besitzungen neue Formen der Gutswirtschaft mit einer höheren Wertschöpfung vor Ort ein. Auch die Städte profitierten von den neuen Manufakturen, die den Handel aufblühen ließen, so dass Polen-Litauen bis zur Mitte des 18. Jahrhunderts den wirtschaftlichen Rückstand gegenüber den anderen europäischen Ländern weitgehend wieder hatte ausgleichen können. Besonders sichtbar wurde dies in der Hauptstadt Warschau, die bereits von August dem Starken nach dem Vorbild Dresdens zur Residenzstadt umgestaltet wurde und wo in der Jahrhundertmitte auch zahlreiche Magnaten Paläste errichten ließen.

Nach dem Tod Augusts III. 1763 wurde ein Angehöriger der Reformpartei, Stanisław August Poniatowski (1732–1798) gewählt. Er verfügte über gute Kontakte zur russischen Zarin Katharina II. und nutzte ihre Unterstützung, um gleich zu Beginn seiner Regierung zwei wichtige Reformvorhaben zu verwirklichen: die Einsetzung einer Schatzkommission («Finanzministerium») sowie je einer Armeekommission für Polen und Litauen. Ab 1765 setzte der König überall im Land Kommissionen *boni ordinis* ein, die eine grundlegende Reform des Städtewesens erarbeiten sollten.

Das entschiedene Vorgehen des Königs und seiner Umgebung erregte nicht nur in traditionellen Oppositionskreisen Widerstand, sondern auch bei den führenden Köpfen der «Familia», die ihren Einfluss schwinden sahen, sowie beim Petersburger Hof. Allzu weit gehende Reformen, so fürchtete man, würden die Republik zu sehr erstarken lassen und die russische Kontrolle über sein westliches Vorfeld gefährden. Unter dem Druck russischer Truppen bestätigte eine Delegiertenversammlung die «Kardinalrechte» des Adels, die freie Königswahl und das *«Liberum veto»* sowie die von Russland geforderte Gleichberechtigung der «Dissidenten», die zuvor noch keine Mehrheit gefunden hatte. Die russische Diplomatie zwang den König 1768 zum Abschluss eines Vertrags, der die Schutzrechte Russlands für die Nichtkatholiken Polen-Litauens festschrieb und zugleich die russischen Eingriffsmöglichkeiten in die inneren Angelegenheiten so weit auslegte, dass das Land gleichsam zu einem russischen Protektorat herabgedrückt wurde.

Die erste Teilung Polen-Litauens 1772

Beide Teile des Vertrages riefen im Adel heftigen Widerstand hervor. Die noch im selben Jahr gebildete Konföderation von Bar rief im Namen von «Glauben und Freiheit» zum Widerstand gegen den König und die russische Hegemonie auf; im gesamten Land kam es zu Aufständen. Das herbeieilende russische Militär konnte nicht verhindern, dass sich der Konflikt internationalisierte. Mit der osmanischen Kriegserklärung an Russland 1768 weitete sich der Bürgerkrieg zu einem europäischen Konflikt aus. Dies brachte wiederum die europäischen Großmächte (vor allem Österreich und Preußen) ins Spiel, die eine Wiederherstellung des mächtepolitischen Status quo erzwangen. Preußen nutzte die Gelegenheit und besetzte im Oktober 1770 das Königliche Preußen sowie Teile Großpolens mit der Stadt Posen; Österreich annektierte im Dezember die seit 1412 in polnischem Pfandbesitz befindliche Grafschaft Zips an der ungarisch-(slowakisch-)polnischen Grenze. Im Februar 1771 reiste Prinz Heinrich von Preußen, der Bruder Friedrichs II., nach St. Petersburg, um die Möglichkeit eines Teilungsbündnisses zwischen Russland und Preußen zu sondieren. Österreich bemühte sich unterdessen, das Osmanische Reich diplomatisch zu stärken, um so größere Territorialgewinne Russlands in den Moldaufürstentümern zu verhindern. In dieser Lage kam Katharina II. den preußischen Vorstellungen entgegen und schloss den gewünschten Teilungsvertrag auf Kosten Polen-Litauens. Im April 1772 gab

Österreich seine anfängliche Unterstützung für die Konföderierten auf und schloss ebenfalls mit Russland einen Teilungsvertrag. Nachdem österreichische Truppen im August 1772 Tschenstochau erobert hatten, schritten die drei Mächte zur Umsetzung ihrer Teilungsvereinbarungen (vgl. Karte Seite 128).

Preußen erhielt das Königliche Preußen mit dem Ermland sowie einen Teil Großpolens entlang der Neiße (ca. 34 900 km² mit 356 000 Einwohnern), musste aber auf Danzig und Thorn verzichten; Österreich bekam Kleinpolen südlich der Weichsel sowie Rotreußen, Podolien und Wolhynien («Königreich Galizien und Lodomerien», ca. 83 900 km²/2 669 000 E.), Russland verleibte sich Polnisch-Livland und die weißrussischen Wojewodschaften ein (ca. 84 000 km²/1 256 000 E.). Das gemeinsame Vorgehen gegen Polen-Litauen hatte die Allianz der drei schwarzen Adler jedoch nur vordergründig wieder bekräftigt, es enthielt bereits den Kern für zukünftige Konflikte.

Die Verabschiedung der Teilungsbeschlüsse durch den polnisch-litauischen Reichstag musste 1773 militärisch erzwungen werden, weil keine der politischen Kräfte im Lande, weder der König noch die Reformer um die «Familia» oder gar die geschlagenen Konföderierten, zur Kooperation bereit waren. Vor allem Russland und der neue russische Gesandte Stackelberg bemühten sich danach, die Zusammenarbeit mit dem Warschauer Hof wieder aufleben zu lassen, um eine dauerhafte Destabilisierung der Beziehungen zu vermeiden. Nur so konnte Petersburg hoffen, Polen-Litauen doch noch im Ganzen in seinem Einflussbereich zu erhalten.

König Stanisław August nutzte das neuerliche Entgegenkommen, um weitere Reformen anzustoßen. Als der Papst 1773 den Jesuitenorden aufhob, übertrug man dessen Vermögen auf die neugegründete Nationale Erziehungskommission, die sich die grundlegende Reform der allgemeinen Schulen wie auch der Universitäten zum Ziel gesetzt hatte. Ein weiterer großer Schritt auf dem Weg zu einer modernen Regierungs- und Verwaltungsordnung war die Einsetzung des Ständigen Rates (*Rada Nieustająca*) im Jahre 1775. Das mit 18 Senatoren und 18 Landboten besetzte Gremium vereinigte zahlreiche Kompetenzen, die

zuvor dem König zugestanden hatten; besonders wichtig war
die damit verbundene Einrichtung von fünf Departements für
Inneres, Auswärtige Beziehungen, Finanzen, Justiz und Heerwesen. Im Rat wie in den Departements besaßen reformorien-
tierte Kräfte eine deutliche Mehrheit, so dass in den nächsten
Jahren die Arbeiten zur Städtereform und zum Schutz der Bauern voranschritten. Religiöse Toleranz wurde zum Gesetz erhoben, Nichtkatholiken erhielten wieder Zugang zu allen öffentlichen Ämtern.

Währenddessen war die Arbeit der Legislative weiterhin weitgehend gelähmt. Die tumultartigen Szenen, als der Reichstag
1780 den vom ehemaligen Reichskanzler Andrzej Zamojski er-
arbeiteten neuen Gesetzeskodex ablehnte, zeigten klar, dass den
Reformern eine immer noch bedeutende Fundamentalopposi-
tion aus Magnaten und ihrer kleinadeligen Klientel gegenüberstand.

3. Mai 1791:
Die erste geschriebene Verfassung Europas

Als Russlands Armee 1788 in einem Zweifrontenkrieg gegen
Schweden und das Osmanische Reich gebunden war, hielt der
polnische König Stanisław August einen günstigen Zeitpunkt
für weitergehende politische Reformen für gekommen. Nun
konnten der Hof und die Reformkräfte im Adel wesentliche
Veränderungen der politischen Ordnung durchsetzen: die Steu-
erfreiheit des Adels wurde abgeschafft und die politischen Partizipationsrechte neu geregelt. Von jetzt an war der besitzlose
Kleinadel von den Landtagen ausgeschlossen, während das ver-
mögende Bürgertum ein Recht auf Gütererwerb, Nobilitierung
und damit auf Repräsentation auf dem Reichstag erhielt. Adel
war somit kein Geburtsprivileg mehr, sondern eine Funktion
von Besitz, der wiederum politische Teilhabe ermöglichte.

Am 3. Mai 1791 verabschiedete der Reichstag das «Regie-
rungsgesetz» (*Ustawa Rządowa*), die erste geschriebene Verfassung Europas. Beeinflusst von den Lehren Rousseaus und Mon-
tesquieus führte die Konstitution die Gewaltenteilung und die
Verantwortlichkeit der Minister gegenüber dem Parlament ein.

An die Stelle des Wahlkönigtums trat eine erbliche Monarchie beim Haus Wettin; sämtliche Entscheidungen im Reichstag wurden fortan nach dem Mehrheitsprinzip getroffen. Weitere Bestimmungen bekräftigten die politischen Mitwirkungsrechte für die Bürger sowie einen erweiterten Rechtsschutz für die gesamte Bauernbevölkerung. Die gesetzgeberische Leistung der Maiverfassung fand in ganz Europa Aufmerksamkeit und inspirierte die im darauf folgenden Jahr verabschiedete Konstitution des revolutionären Frankreich.

Die zweite und dritte Teilung 1793/1795

An den Höfen in Berlin und St. Petersburg verfolgte man die polnischen Reformen hingegen mit Argwohn. Zarin Katharina II. zeigte sich entschlossen, gegen den «Jakobinismus» in Polen-Litauen vorzugehen. Der preußische Gesandte unterstützte diese Pläne, boten sie doch die Gelegenheit, die in der ersten Teilung versagten Gewinne bei einer militärischen «Ordnungsoperation» für Preußen zu sichern. Im Januar 1792 beendeten Russland und das Osmanische Reich den Kriegszustand; bereits im April stellte die Zarin einer Gruppe von polnischen Oppositionellen («Konföderation von Targowica») 100 000 russische Soldaten zur Verfügung und entfachte somit einen Bürgerkrieg gegen die Reformen. Die polnisch-litauischen Verbände unter Fürst Józef Poniatowski und Tadeusz Kościuszko konnten sich gegen die überlegenen Gegner militärisch nicht durchsetzen.

Die Konföderierten übernahmen die Regierung und erklärten sämtliche Reformen des Vierjährigen Reichstags für nichtig. Stanisław August blieb zwar König, war aber von den Regierungsgeschäften ausgeschlossen. Zu Beginn des Jahres 1793 einigten sich Preußen und Russland auf eine erneute Teilung Polen-Litauens. Preußen erhielt Danzig, Thorn, Großpolen und das westliche Masowien bis zur Weichsel, Russland sämtliche Gebiete östlich einer Linie von Dünaburg bis Chocim. In den Annexionspatenten rechtfertigten die beiden Mächte die Teilung als Polizeiaktion gegen das «Gift des französischen Demokratismus».

Tadeusz Kościuszko organisierte Anfang 1794 von Krakau aus einen bewaffneten Aufstand, an dem sich nicht nur ein großer Teil des Adels, sondern auch der Bürger sowie eine jüdische Legion beteiligten. Nach ersten militärischen Erfolgen Kościuszkos griffen ab Juni 1794 preußische Verbände in die Kämpfe ein und sicherten damit die militärische Übermacht der Teilungsmächte. Kościuszko geriet in russische Gefangenschaft, der Widerstand brach zusammen. Die Teilungsmächte, denen sich auch Österreich angeschlossen hatte, lösten alle staatlichen Strukturen im polnisch-litauischen Rumpfstaat auf.

König Stanisław August musste sich am 2. Januar 1795 nach Grodno ins Exil begeben. Ein Tag später wurde das Teilungsabkommen zwischen Russland und Österreich unterzeichnet, dem Preußen im Oktober desselben Jahres beitrat. Die Grenzen zwischen den Teilungsmächten verliefen nun entlang der Flüsse Bug, Weichsel und Pilica. Damit war die dritte Teilung vollzogen. Polen-Litauen wurde als staatsrechtliche Einheit aufgelöst und 1797 von den Teilungsmächten für völkerrechtlich erloschen erklärt.

Im Verlauf des Jahres 1795 kamen die militärischen Aktionen gegen die Besatzungsmächte allmählich zum Erliegen. Zahlreiche Aufständische verließen nun das Land und begaben sich nach Westeuropa, vor allem nach Frankreich, ins Exil. Dort entstand noch im selben Jahr eine erste Emigrantenorganisation, die «polnische Deputation». Im Auftrag der französischen Regierung formierte General Jan Henryk Dąbrowski (1755–1818) ein polnisches Korps, welches ab 1796 unter der Führung Napoleon Bonapartes in Italien eingesetzt wurde. Für diese Krieger dichtete Józef Wybicki noch im selben Jahr die «Dąbrowski-Masure», deren Text mit den Worten beginnt: «Noch ist Polen nicht verloren» *(«Jeszcze Polska nie zginęła»)*. Sie wurde nach 1918 zur Nationalhymne des wiedererstandenen polnischen Staates und ist es bis heute.

Das geteilte Polen im revolutionären Europa
1795–1815

Unter der Verwaltung der Teilungsmächte

Nach dem militärischen Sieg gingen Preußen, Österreich und Russland unverzüglich daran, auch den Rest des geteilten Landes konsequent in die eigenen Verwaltungsstrukturen einzuordnen, wobei jeweils auf die alten lokalen Eliten zurückgegriffen werden musste. In den preußisch besetzten Teilen («Neuostpreußen») bemühte sich die Verwaltung, in den Städten besonders das (vorwiegend protestantische) Bürgertum und auf dem Land den protestantischen Adel zu gewinnen; Diskriminierungen gegen katholische Adelige blieben zunächst die Ausnahme. Die meisten leitenden Beamten stammten aus den altpreußischen Provinzen. Sie waren also nicht mit den Problemen vor Ort vertraut und verfügten auch nicht über die notwendigen Sprachkenntnisse für den Umgang mit den neuen Untertanen: von insgesamt 8 Mio. preußischen Staatsbürgern lebten 3 Mio. in den ehemals polnischen Gebieten!

Die von Österreich 1795 erworbenen Territorien standen zunächst als «Westgalizien» unter einer eigenen Verwaltung und wurden erst 1803 mit dem «Königreich Galizien und Lodomerien» vereinigt. Auch in den an Russland gefallenen Gebieten waren die strukturellen Veränderungen eher oberflächlich. Allerdings machte Kaiserin Katharina II. sehr deutlich, dass die russische Herrschaft nicht etwa als Fremdherrschaft über ein erobertes Territorium anzusehen sei – in eine 1795 geprägte Gedenkmedaille ließ sie den Wahlspruch prägen: «Verlorenes habe ich zurückgebracht». Damit stellte sie die Teilungen als Vollendung der «Sammlung des russischen Landes» dar, als letzten Sieg in der mächtepolitischen Rivalität zwischen den Großfürstentümern Litauen und Moskau seit dem späten Mittelalter. Nach dem Tod Katharinas 1796 bemühten sich Paul I.

(1796–1801) und Alexander I. (1801–1825) aktiv um die polnischen Eliten im Teilungsgebiet. Paul I. machte einen großen Teil der Güterenteignungen seiner Mutter rückgängig; unter Alexander I. begründete Adam Czartoryski (ein Neffe des letzten polnischen Königs) 1803 die Universität Wilna und richtete polnischsprachige Gymnasien ein.

Napoleon und das Herzogtum Warschau

Im Jahr 1806 schien die Möglichkeit, die Teilung Polen-Litauens zu überwinden, in greifbare Nähe gerückt. Preußen hatte den vierten Koalitionskrieg gegen Frankreich entzündet, dann aber gegen die Armeen Napoleons verloren und war bis auf Ostpreußen von französischen Truppen besetzt worden. Allein Russlands Kriegseintritt verhinderte die Zerschlagung Preußens im Frieden von Tilsit 1807. Aus den Gebieten, die Preußen im Verlauf der Zweiten und Dritten Teilung Polens erhalten hatte, bildete Napoleon das Herzogtum Warschau (Großpolen, Kujawien, Masowien, 104 000 km² mit 2,6 Mio. Einwohnern); 1809 wurde es um die österreichischen Gewinne aus der Dritten Teilung erweitert (45 000 km² mit 1,5 Mio. Einwohnern). Zum Herzog wurde der mit Napoleon verbündete König Friedrich August von Sachsen eingesetzt.

Im Juli 1807 führte Napoleon im Herzogtum den *Code Napoléon* ein und erließ eine Verfassung, die sich stark an die französische anlehnte. Sie setzte das Vorhaben der Maiverfassung um, politische Mitwirkung an Besitz zu binden und sie damit für die Bürger zu öffnen; außerdem erfolgte die Aufhebung der bäuerlichen Leibeigenschaft. Die Bauern erhielten zwar ihre persönliche Freiheit, jedoch kein Besitzrecht auf das von ihnen bearbeitete Land, so dass sie wirtschaftlich weiter vom Gutsherren abhängig blieben. Vom Wahlrecht blieben sie, ebenso wie die jüdische Bevölkerung, weiterhin ausgeschlossen. Die ursprünglich vorgesehene Gleichberechtigung der Juden wurde unter Bezug auf Rechtseinschränkungen in Frankreich (*décret infâme* von 1808) sogleich wieder außer Kraft gesetzt.

Eine große Belastung für das Herzogtum stellten die Kontinentalsperre sowie die Kontributionen und der Unterhalt für die stationierten französischen Truppen dar. Der Herzog weilte die meiste Zeit außer Landes, so dass ab 1812 die eigentliche Regierung beim Kriegsminister Fürst Józef Poniatowski lag. In Militärangelegenheiten unterstand die Regierung faktisch den Weisungen der französischen Residenten; dies zeigte sich besonders deutlich vor dem Angriff Napoleons auf Russland im Jahre 1812.

Zusammenbruch des Napoleonischen Systems und Wiener Kongress

Nach dem Frieden von Tilsit hatten Frankreich und Russland ihre gegenseitigen Kontakte intensiviert. Napoleon unterstützte Russland beim Erwerb Finnlands 1809, und Russland beteiligte sich an der Kontinentalsperre, doch in Bezug auf die künftige Polenpolitik kamen sie nicht zu einer Einigung. Die russische Diplomatie warb daraufhin intensiv um die polnischen Eliten und stellte sogar eine Wiederherstellung des Großfürstentums Litauen in Aussicht. Als im Jahre 1812 Napoleon an der Spitze der *Grande Armée* gegen Russland zog, bezeichnete er den Beginn des Feldzugs in seinem Aufruf als «seinen zweiten polnischen Krieg». Die Truppen des Herzogtums Warschau unter Fürst Józef Poniatowski bildeten ein eigenes Armeekorps.

Die Niederlage der *Grande Armée* ließ alle Pläne zur Warschauer Regierung hinfällig werden, im Februar 1813 wurde die Stadt von russischen Truppen besetzt. Poniatowski und seine Soldaten blieben an der Seite Napoleons und nahmen im Oktober 1813 an der Völkerschlacht bei Leipzig teil. Nach der vollständigen Niederlage Napoleons versammelten sich die Abgesandten der europäischen Mächte im Oktober 1814 in Wien, um über die zukünftige Staatenordnung zu beraten. Auf Grund der stark divergierenden Ansprüche traten bis zum Frühjahr 1815 die Verhandlungen weitgehend auf der Stelle, als Napoleons erneuter Marsch auf Paris eine schnelle Einigung notwendig erscheinen ließ. Am 3. Mai 1815 einigten sich

die Parteien auf die neuen Grenzen zwischen den Teilungsgebieten; dieser Akt wurde später als Vierte Teilung Polens bezeichnet.

Demnach sollte Russland das Gebiet des Herzogtums Warschau als «Königreich Polen» zufallen, allerdings wurden davon Großpolen und Kujawien abgetrennt und fielen als «Großherzogtum Posen» an Preußen. Österreich behielt seine Erwerbungen aus der Ersten Teilung Polens. Krakau wurde zu
einer «Freien Stadt» unter der Aufsicht aller drei Teilungsmächte. Die Polen erhielten die Zusage, dass die Einheit ihrer
Nation durch freie Verbindungen über die neuen Grenzen hinweg sowie durch die Erhaltung der polnischen Sprache gesichert werden sollte. Es schien jedoch klar, dass sich diese Zusage nicht auf das ganze polnisch-litauische Territorium von
1772 bezog, sondern lediglich auf das ehemalige Herzogtum
Warschau. Die russischen Erwerbungen bis 1795 wie auch die
Gewinne Österreichs und Preußens aus der Ersten Teilung wurden mit keinem Wort erwähnt und auch in der Folgezeit nicht
so behandelt, als fielen sie unter die Bestimmungen des Wiener
Vertrages.

Die Wiener Schlussakte brachte eine Neuverteilung der ehemals polnisch-litauischen Ländermasse unter die Teilungsmächte, nicht eine einfache Rückkehr zum Status vor der Napoleonischen Ära. Im Unterschied zur Zeit nach 1795 sollte fortan ein
«Königreich Polen» wieder existieren, wenn auch nicht als sou-
veräner Staat, sondern als Territorium innerhalb des Russischen
Reiches mit dem Zaren als König von Polen. Jegliche Hoffnungen auf eine Wiederzusammenführung der polnisch-litauischen
Gebiete aus der Zeit vor 1772 hatten sich als Illusionen erwiesen. Die preußischen und österreichischen Erwerbungen aus der
Ersten Teilung waren bereits von Napoleon zum festen Besitzstand der Teilungsmächte gerechnet und nicht mehr angetastet
worden. Alle Länder, die vormals zum Großfürstentum Litauen
gehört hatten, waren fest in das russische Gouvernementssys-
tem integriert, und Pläne, sie wieder zu einem einheitlichen Ver-
band zusammenzuschließen, hatten sich als bloße politische
Rhetorik erwiesen. Zusätzlich konnten sich die Teilungsmächte

durch den Umstand bestärkt fühlen, dass nach 1806 bzw. 1809 die Bevölkerung jener Gebiete keine nennenswerten Anstrengungen unternommen hatte, um etwa durch einen Aufstand den Anschluss an das Herzogtum Warschau zu erreichen.

Zwischen Integration und Widerstand (1815–1864)

Grundlagen der Teilungsherrschaft nach 1815

Artikel 1 der im November 1815 verkündeten Konstitution für das unter der russischen Herrschaft wieder begründete Königreich Polen (Kongresspolen) legte fest, dass das Königreich auf ewig mit dem Kaiserreich Russland verbunden sei; Artikel 8 verwies auf die gemeinsame Wahrnehmung der Außenpolitik durch Russland. Im Weiteren enthielt die Verfassung Garantien für die nationale Sprache, für die Zulassung einer nationalen Regierung, unabhängiger Gerichte und einer eigenen Armee sowie das Versprechen der Pressefreiheit, religiöser Toleranz für alle christlichen (!) Konfessionen; sie verfügte die persönliche Freiheit auch für die bäuerliche Bevölkerung. Innerhalb des Russischen Reiches besaß Kongresspolen nun neben Finnland die fortschrittlichste Grundordnung. In den bereits bis 1795 an Russland gefallenen Gebieten (den sog. «westlichen Gouvernements», in der polnischen Historiographie als «entrissene Gebiete» bezeichnet) knüpfte die Verwaltung an die traditionellen polnisch-litauischen Institutionen an. Nach 1795 besaß allerdings nur noch der Grund besitzende Adel das Recht zur Teilnahme am Landtag.

Neben dem Ziel, über eine weitgehende Selbstverwaltung die kulturelle und nationale Eigenheit Polens zu wahren, sollte das Land damit aber auch dauerhaft mit der russischen Monarchie verbunden werden. Zar Alexander und der von ihm eingesetzte Statthalter, Fürst Józef Zajączek, äußerten die Hoffnung, mit den liberalen Regelungen der Verfassung einen gemeinsamen Staatspatriotismus zu wecken. In der Praxis zeigte sich jedoch bald, dass das Regierungsverständnis im absolutistischen Russland und im konstitutionellen Polen nur schwer in Übereinstimmung zu bringen war. Alle Fraktionen im Sejm nutzten die wenigen Sitzungen, zu denen das Parlament einberufen wurde (nur 1818, 1820, 1825 und 1830), zur Kritik an der russischen Obrigkeit, der sie Abweichungen von den liberalen Grundsätzen der Konstitution vorhielten.

Im Großherzogtum Posen, dem zweiten politischen Gebilde, das aus dem Herzogtum Warschau hervorgegangen war, kam es nicht zum Erlass einer Verfassung. Der preußische König Friedrich Wilhelm III. fasste im Mai 1815 in einem «Zuruf» an die neuen Untertanen die Grundsätze für die künftige preußische Politik in der Provinz zusammen. Die preußische Verwaltung bemühte sich, die polnischen Eliten für die neue Herrschaft zu gewinnen. Landratsposten wurden zunächst überwiegend mit Polen besetzt, selbst in Landkreisen mit starker deutschsprachiger Bevölkerung. Im Jahre 1824 wurde ein eigener Landtag für die Provinz einberufen, dessen Verhandlungen zweisprachig geführt wurden. Damit waren für das Großherzogtum die Voraussetzungen für eine weitgehende Selbstverwaltung im Sinne der Wiener Schlussakte geschaffen worden; für die anderen ehemals polnischen Gebiete (Westpreußen, Ermland, Oberschlesien) sah die preußische Regierung hingegen keine Sonderregelungen vor.

Im österreichischen Teilungsgebiet waren die 1809 an das Herzogtum Warschau abgetretenen Gebiete nicht wieder an die Provinz Galizien zurückgefallen, sondern bei Kongresspolen verblieben. Die österreichische Regierung fühlte sich somit auch nicht an die Zusagen des Wiener Kongresses gebunden. Angesichts der Selbstverwaltungspolitik in Preußen und Russland berief der Kaiser 1817 auch für Galizien einen Landtag ein, in dem der Herrenstand (Hochadel), der Adel und die Geistlichkeit sowie zwei Abgeordnete aus Lemberg vertreten waren. Aber erst ab 1825 wuchs das Interesse an den Landtagssitzungen, weil die Regierung in Wien nun Diskussionen über Landesangelegenheiten anregte. Der Statthalter Fürst Lobkovitz inten-

sivierte in dieser Zeit die Kontakte zum polnischen Adel und
trat einmal in sarmatischer Tracht vor dem Landtag auf.

Auf dem Wiener Kongress hatte der russische Zar Alexander I. eine «Heilige Allianz» der christlichen Herrscher vorgeschlagen, um in Zukunft die politische Ordnung besser gegen revolutionäre Bewegungen sichern zu können. Ihr traten zunächst nur Russland, Preußen und Österreich bei, 1818 auch Frankreich, während das englische Parlament einen Beitritt ablehnte. Im Zuge wachsender Revolutionsfurcht erließ der kaiserliche Kommissar in Kongresspolen, Nikolaj Novosil'cev, 1819 unter Bruch der Verfassung eine erste Verordnung über die Pressezensur. Im folgenden Jahr einigten sich Preußen und Österreich auf gemeinsame Schritte zur Einschränkung der Presse- und Versammlungsfreiheit (Karlsbader Beschlüsse). Die Teilungsmächte versuchten damit, ein zentrales Erbe der Napoleonischen Ära unter Kontrolle zu bringen: die Mobilisierung breiter Bevölkerungsschichten, die eine neue Qualität von Öffentlichkeit und politischer Diskussion hervorgebracht hatte. Ganz besonders galt dies für die Diskussionen über die polnische Nation sowie über ein Überleben der Nation ohne Staat.

Der Novemberaufstand 1830
und seine Nachwirkungen

Das Jahr 1830 brachte eine Welle von politischen Umstürzen in Frankreich, Deutschland und den Niederlanden, welche die Regierungen der «Heiligen Allianz» in Alarmstimmung versetzten. Am 19. November verkündete Großfürst Konstantin die Mobilmachung der Truppen in Kongresspolen; es kursierten Gerüchte, polnische Einheiten sollten gegen die Revolutionsbewegungen in Westeuropa eingesetzt werden.

Am 29. November begann eine Gruppe junger Offiziersanwärter in Warschau einen Aufstand. Sie besetzte die Residenz Großfürst Konstantins, der in den folgenden Tagen mit den russischen Truppen aus Warschau abzog. Ältere Offiziere rieten zunächst von einem Waffengang ab. Daraufhin kam es zu Tumulten, bis schließlich General Józef Chłopicki, der bereits im

Kościuszko-Aufstand sowie in den Legionen gekämpft hatte, die Armeeführung übernahm. Jetzt schaltete sich auch die polnische Regierung ein und ernannte einen «Obersten Rat» unter Führung von Adam Jerzy Czartoryski. Ähnlich wie Chłopicki sprach sie sich für ein unabhängiges Königreich Polen aus, wollte aber einen Krieg gegen Russland vermeiden. Als der Zar die Kapitulation der Aufständischen verlangte, erklärte der Sejm Nikolaj I. und die Dynastie Romanov für abgesetzt (25.1.1831).

Die Aufstandsregierung bemühte sich intensiv um Anerkennung im Ausland, konnte aber keine wesentlichen Erfolge erzielen. Österreich lehnte die angebotene Königskrone ab, Preußen konzentrierte Truppen in der Nähe der Grenze, griff aber von sich aus auch nicht in die Kämpfe ein. Die Regierungen in Frankreich und England lehnten eine Intervention zugunsten der Aufständischen ab.

Auch in Polen selbst war die gesellschaftliche Basis für den Aufstand zunächst sehr gering. Er hatte als Generationenkonflikt innerhalb der Streitkräfte begonnen, bis die liberalen Kräfte zielstrebig auf eine «Nationalisierung» der Bewegung hinarbeiteten. In den ersten Tagen des Aufstandes hatten sich Vertreter der Aristokratie, des Bürgertums und auch hohe Offiziere mehrheitlich gegen die Erhebung ausgesprochen und zu Mäßigung geraten. Doch angesichts der kompromisslosen Haltung der russischen Regierung in St. Petersburg schlossen sie sich den Aufständischen an. Zentren der Aufstandsbewegung waren die großen Städte, besonders die Universitätsstädte Warschau und Wilna.

Nach der Absetzung Nikolajs I. gingen die russischen Truppen offensiv gegen die polnischen Verbände vor. Bis Mai 1831 gelang es den Aufständischen, fast 100 000 Soldaten zu mobilisieren. Die Finanzen der Aufstandsregierung waren aber bald erschöpft, finanzielle Unterstützung aus dem Ausland blieb ebenfalls aus. Es kamen zwar Freiwillige aus den anderen Teilungsgebieten, vor allem aus dem Großherzogtum Posen (ca. 3000 von insgesamt ca. 5000) sowie einige Hundert auch aus Westeuropa, doch konnte dies in keiner Weise das Mobilisierungspotential der russischen Kräfte ausgleichen. Im September 1831 erzielten die rus-

sischen Verbände unter dem neuen Oberbefehlshaber Paskevič
bei Warschau den entscheidenden Sieg über die polnische Armee, die sich daraufhin auflöste, die Grenze nach Preußen über-
schritt und entwaffnet wurde.

Bereits im Herbst 1831 begannen die Prozesse gegen die Teilnehmer am Aufstand, die zu langen Haftstrafen oder zu
Zwangsarbeit verurteilt wurden; Todesurteile wurden aber nicht
gefällt. Die Besitzungen der Verurteilten wie auch aller Emigranten wurden konfisziert. Wegen andauernder Partisanenkämpfe
verhängte die russische Regierung im folgenden Jahr den Kriegszustand, der bis 1856 andauern sollte. Die Verfassung wurde
aufgehoben und durch das «Organische Statut» ersetzt. Die polnische Armee und der Sejm wurden aufgelöst, aber der Staatsrat,
die polnische Verwaltung, das Polnische als Amtssprache, das
Rechts- und Gerichtssystem sowie das Schatzamt und die Polnische Bank blieben erhalten, so dass weiterhin in weiten Berei-
chen eine Selbstverwaltung funktionieren konnte.

Die anderen Teilungsgebiete waren vom Aufstand nur indi-
rekt betroffen gewesen, doch auch hier setzten die Regierungen
zahlreiche Restriktionen durch. Im Dezember 1830 berief König Friedrich Wilhelm III. Eduard Flottwell zum Oberpräsiden-
ten. Flottwells Politik zielte auf eine Vereinheitlichung der Bevölkerung, ähnlich wie in Westpreußen. In der Praxis lief dies
auf eine Zurückdrängung von Adel und (katholischer) Geistlichkeit hinaus, während Bürgertum und Bauern gefördert wurden. Nach 1840 jedoch wandte sich Friedrich Wilhelm IV. von
der an Sicherheitsaspekten orientierten Politik seines Vaters
ab. Er entließ Flottwell und stärkte die Selbstverwaltung für
die polnische Bevölkerung. Alles, was nationale Gegensätze ver-
stärken könnte, sollte fortan vermieden werden, um die Polen
nicht durch behördliche Diskriminierung und Germanisierung
dem preußischen Staat zu entfremden.

In Galizien kam es während und nach dem Aufstand zu Poli-
zeiaktionen gegen vermutliche Verschwörer, bei denen vor allem junge Polen verhaftet wurden. Systematische Repressalien
blieben jedoch aus. Auch die nominell weiterhin selbstständige
Stadtrepublik Krakau musste wegen ihrer Unterstützung für

den Novemberaufstand Einschränkungen in ihrer politischen Autonomie hinnehmen. Die Teilungsmächte stärkten den Einfluss ihrer Vertreter, der sog. Residenten, beließen aber die Verfassung der Stadtrepublik in Kraft.

Die polnische Nationalbewegung in der «Großen Emigration»

Von den ca. 50 000 Soldaten, Offizieren und Politikern, die am Ende des Novemberaufstandes das Königreich verlassen hatten, kehrten die meisten früher oder später zurück; wer allerdings weiterhin politisch tätig sein wollte, wählte die Emigration. Die Regierungen in Paris, London und Brüssel erklärten sich bereit, die Aufständischen aufzunehmen, und sorgten auch materiell für sie (durch Pensionen, Stipendien etc.). Zum wichtigsten Zentrum der Emigration wurde Frankreich. Dort ließen sich ca. 5700 von geschätzten 8500 Emigranten nieder, dort konstituierten sich auch die bedeutendsten Exilorganisationen.

Auf dem Weg nach Westen wurden die Aufständischen vor allem in Sachsen, Baden und Bayern, aber auch in anderen deutschen Territorien herzlich empfangen. In einer Welle der «Polenbegeisterung» wurde der polnische Aufstand als Teil einer gesamteuropäischen Bewegung der «jungen» Idee der Nation gegen das «alte» Prinzip imperialer Herrschaften interpretiert, die auch Deutschland zu Freiheit und nationaler Einheit führen sollte. Zum Symbol dieser Bewegung avancierte das Hambacher Fest 1832, wo die Teilnehmer die schwarz-rot-goldene deutsche und die weiß-rote polnische Fahne nebeneinander hissten.

In der Emigration versuchte die aristokratische Partei unter Czartoryski ergebnislos, auf diplomatischem Wege Bündnisse gegen Russland zu organisieren. Innerhalb Frankreichs gelang es Czartoryski hingegen, einen Lehrstuhl für Slawische Sprache und Literatur am Collège de France einzurichten, auf den 1840 Adam Mickiewicz berufen wurde. Diese Professur entwickelte einen nicht zu unterschätzenden Einfluss auf die junge französische Intelligenz. Mickiewiczs Schaffen wurde in der polnischen Exilöffentlichkeit, aber auch im geteilten Polen breit rezipiert.

Seine romantischen Vorstellungen von Polen als dem «Christus der Völker» fanden hier regen Anklang.

In Paris entstanden die Werke, welche für lange Zeit das Bild der polnischen Nationalbewegung prägen sollten – in der Emigration ebenso wie in den polnischen Ländern. Bereits 1832 veröffentlichte Mickiewicz die «Bücher der polnischen Nation und der polnischen Pilgerschaft», in denen das Motiv des polnischen Messianismus anklang, zwei Jahre darauf das Nationalepos «Pan Tadeusz». Auch sein Lehrer Joachim Lelewel war ins Exil gegangen; 1834 gründete er in Bern die Gesellschaft «Junges Polen» als Zweig von Mazzinis «Jungem Europa». Beide Persönlichkeiten entwickelten sich zu Vordenkern der polnischen Nationalbewegung und hielten an der emanzipatorischen Zielsetzung als zentraler Aufgabe fest.

Weitere Aufstände und Modernisierungsversuche

In den Jahren nach 1831 hatten sich Exilpolen an revolutionären Bewegungen in Deutschland, Savoyen und Italien beteiligt und zugleich Kontakte in die polnischen Gebiete, vor allem nach Krakau und Galizien aufgebaut. Dort agitierten sie besonders unter den Bauern. Die Landbevölkerung aber stand den Reden der «Städter» über einen Aufstand für ein freies Polen durchweg ablehnend gegenüber und übergab die Agitatoren nicht selten direkt der Polizei.

Als man 1846 in Galizien dennoch einen Aufstandsversuch wagte, stellten sich den Revolutionären bäuerliche Verbände entgegen, die von den österreichischen Behörden zum Vorgehen gegen die Gutsherren ermutigt worden waren. Anstelle einer nationalen Revolution erlebte Galizien einen sozialen Aufstand, bei dem zahlreiche Gutshöfe geplündert und die Gutsherren ermordet wurden. Nach einigen Tagen untätigen Zusehens fürchtete die österreichische Obrigkeit jedoch ein Übergreifen der Unruhen auf andere Gebiete und ging ihrerseits militärisch gegen die Bauern vor. Für die polnische Nationalbewegung hatte sich die Vorstellung von einer das gesamte «Volk» umfassenden nationalen Erhebung als Illusion erwiesen.

Die Dimensionen des sozialen Ausbruchs waren den meisten Revolutionären hingegen noch nicht bewusst. Sie prägten einen neuen Begriff: «*Rabacja*» (aus dem dt. «Raub»), der die Einmaligkeit dieser Vorgänge ausdrücken sollte. Im deutschen Sprachgebrauch und im öffentlichen Gedächtnis wurde die «*Rabacja*» jedoch recht bald zu «Rabatz» umgedeutet und verballhornt.

Bereits zwei Jahre später hatten die polnischen Revolutionäre erneut Gelegenheit, sich beim ungarischen Aufstand, in Paris, Berlin und Posen im Kampf «für Eure und unsere Freiheit» zu bewähren. Diesmal wurden die Aufstände nicht sofort militärisch niedergeschlagen. Die Monarchen waren zunächst zu Zugeständnissen bereit und beriefen Parlamente ein, die über weitergehende Reformen beraten sollten. In der sog. Polendebatte in der Frankfurter Paulskirche vom 24. bis 26. Juli 1848 zeigte sich jedoch, dass die Durchsetzung des nationalen Prinzips für die meisten der deutschen Abgeordneten einen territorialen Verzicht zugunsten der Polen ausschloss.

In Russland trat nach Zar Nikolajs I. Tod 1855 der neue Zar, Alexander II., für innere Reformen im gesamten Reich ein und setzte Zeichen für einen Ausgleich mit Polen. Die nach dem Novemberaufstand 1830 emigrierten oder verbannten Polen wurden amnestiert, das Kriegsrecht aufgehoben und das «Organische Statut» von 1832 erneut in Kraft gesetzt, so dass Polen wieder Zugang zu hohen Staatsämtern erhielten. Bis 1861 folgten weitere Reformen: Die Regierung in St. Petersburg verkündete die Bauernbefreiung und die Emanzipation der jüdischen Bevölkerung. Auf allen Ebenen der Verwaltung, bis hin zu den Gouverneuren, wurden in dieser Zeit wieder Polen mit Ämtern betraut.

Vor allem jüngere Polen knüpften jetzt aber ganz offen Kontakte zum Exil und engagierten sich verstärkt in konspirativen Zirkeln. Religiöse und patriotische Gedenkfeiern führten die Bevölkerung zu großen Manifestationen zusammen. Als Ende 1861 russisches Militär bei einem Gedenkgottesdienst zu Ehren Tadeusz Kościuszkos in die Kirche eindrang, schlossen die katholischen Geistlichen zum Protest sämtliche Warschauer Kir-

chen, und auch die protestantischen Pastoren und die jüdischen
Rabbiner solidarisierten sich damit.

Die Protestbewegung radikalisierte sich zusehends; im Januar
1863 brach ein weiterer Aufstand aus. Russland und Preußen
schlossen ein Abkommen, um gemeinsam gegen die Insurrek-
tion vorzugehen, obwohl die Erhebung nicht über die russischen Teilungsgebiete hinausging. England, Frankreich und
Österreich protestierten offiziell in St. Petersburg, unternahmen
aber sonst keine Schritte, um die Polen zu unterstützen. Die russische Armeeführung ging hart vor und richtete ihre Aktionen
nicht allein gegen die Aufständischen, sondern gegen die gesamte Bevölkerung. Obwohl der Aufstand erneut von einer kleinen
Verschwörergruppe ausgegangen war, fand er deshalb schnell
breiten Rückhalt in der Bevölkerung. Daher gelang es nicht, die
Bewegung im Keim zu ersticken; trotz des militärischen Überge-
wichts der russischen Truppen zogen sich die Kämpfe bis April
1864 hin.

Integrationsangebote der Teilungsmächte

Der Januaraufstand 1863 hatte erneut deutlich gemacht, dass
die Herrschaft der Teilungsmächte letztlich nur auf ihrer militärischen Übermacht beruhte. Dabei hatten die Regierungen in
St. Petersburg, Berlin und Wien immer wieder Integrationsangebote an die polnischen Eliten gemacht, um ihrer Herrschaft zusätzliche Legitimität zu sichern. So wurden nach 1795 die vor-
gefundenen Besitzverhältnisse bestätigt. Wie bereits die Maiverfassung von 1791 schloss auch die neue Obrigkeit die verarmte
bzw. landlose Szlachta von politischen Mitwirkungsrechten
aus. Ein Teil dieser ehemals adeligen Bevölkerung ging später in
der Bauernschaft auf, ein Teil jedoch zog in die Städte und versuchte durch Bildungserwerb den verlorenen Sozialstatus wie-
derzuerlangen. Diese Menschen bildeten den Kern der ersten
neuen Bevölkerungsschicht, welche das 19. Jahrhundert hervorgebracht hat, der Intelligenz.

Weil sie eine staatliche und noch keine nationale Integration
anstrebten, waren die Teilungsmächte zu Beginn des 19. Jahr-

hunderts im kulturellen Bereich zu wirklichen Zugeständnissen bereit gewesen. Die Wiener Schlussakte enthielt Bestimmungen über den Erhalt der polnischen Sprache und Kultur, und dies war durchaus ernst gemeint. So begründete der preußische Schulminister Altenstein 1822 die Verordnung über die Gleichberechtigung der polnischen Sprache im Unterricht im Großherzogtum Posen damit, dass «Religion und Muttersprache die höchsten Heiligtümer der Nation» seien. Unter russischer Herrschaft konnte sich das Polnische nicht allein im Königreich weitgehend frei entfalten, sondern auch in den bis 1795 erworbenen östlichen Gebieten. Die Universität Wilna wurde zum Mittelpunkt der kulturellen wie politischen Aspirationen der polnischen Oberschicht in den «westlichen Gouvernements». Die österreichische Regierung wiederum fühlte sich nach 1815 nicht an die Bestimmungen über die polnische Kulturautonomie gebunden; das Deutsche blieb weiterhin als Amtssprache vorherrschend. Doch auch in Galizien konnte sich die polnische Kultur in den folgenden Jahren relativ frei entfalten. Zum Mittelpunkt des polnischen Kulturlebens wurde das 1817 auf Initiative von Fürst Józef Maksymilian Ossoliński gegründete Ossolineum; seit 1826 existierte an der Lemberger Universität zudem ein Lehrstuhl für polnische Sprache und Literatur.

Der Novemberaufstand 1830/31 ließ in St. Petersburg und Berlin erste Zweifel am Integrationserfolg der bisherigen Kulturpolitik aufkommen. Nikolaj I. riet 1835 dem Thronfolger Alexander II., die russische Herrschaft sei nur mit Hilfe der Durchsetzung der russischen Sprache zu sichern. In Preußen hatte zwar der neue Oberpräsident Flottwell ab 1832 das Polnische aus dem öffentlichen Leben weitgehend zurückgedrängt, doch nach dem Regierungsantritt Friedrich Wilhelms IV. 1840 setzte der König unverzüglich wieder Maßnahmen durch, welche die Gleichberechtigung der polnischen Sprache im öffentlichen Leben garantieren sollten.

Die Kirchenpolitik

In zwei der drei Teilungsgebiete bekannte sich die Obrigkeit zu einer anderen Konfession als die Mehrheit der Bevölkerung. Die Regierungen erhoben dennoch den Anspruch, alle kirchlichen Einrichtungen in ihrem Herrschaftsgebiet zu kontrollieren. Russland und Preußen strebten vor allem danach, direkte Kontakte des katholischen Klerus zum Apostolischen Stuhl zu unterbinden und die Priesterausbildung zu monopolisieren. Davon abgesehen standen sie aber im Prinzip zu ihrer Zusage, in Kongresspolen und im Großherzogtum Posen konfessionelle Freizügigkeit zu gewähren. Auch in Galizien sah sich die Obrigkeit als oberste Kontrollinstanz über die Kirche an; für die Ruthenen wurden in Wien eigens Ausbildungsmöglichkeiten für griechisch-katholische Priester geschaffen.

Die katholischen Geistlichen hatten in den napoleonischen Kriegen eindeutig die Regierungen der Teilungsmächte unterstützt. Auch nach dem Wiener Kongress galt die katholische Kirche zunächst als staatstragende Kraft. Während der Erhebung von 1830/31 jedoch ließ ein Teil des Klerus bereits nationale Motive in seine Predigten einfließen. Die russische Regierung nahm daraufhin stärker Einfluss auf die Besetzung von Kirchenämtern und schränkte die materielle Eigenständigkeit der katholischen Kirche ein. Im Jahre 1834 wurde ein orthodoxes Bistum in Warschau gegründet und mit zahlreichen Privilegien versehen, 1839 hob die Regierung die unierte Kirche im gesamten Russischen Reich auf und vereinigte sie mit der orthodoxen Kirche.

Nach 1855 ließ der Druck auf die katholische Geistlichkeit merklich nach. In den folgenden Jahren engagierten sich besonders viele Geistliche politisch. Predigten nahmen häufig nationale Themen auf, und bei nationalen Kundgebungen erschienen verstärkt religiöse Symbole. Hinzu kam, dass in jenen Jahren die Schriften der polnischen Romantik in breitem Umfang rezipiert wurden. Ihre Vision von Polen als «Christus der Völker» stärkte die Symbiose zwischen Bekenntnis und Nation.

Gewerbepolitik und Landreform

Die größten Schwierigkeiten hatten die Teilungsmächte anfänglich bei der wirtschaftlichen Integration der neu erworbenen Gebiete. In den merkantilistischen Systemen Preußens und Österreichs erfüllten die neuen Territorien zunächst noch keine Funktion innerhalb der Volkswirtschaft. Daher wurden sie einerseits wie Ausland behandelt, andererseits aber von den anderen Teilungsgebieten durch hohe Zollgrenzen abgeschottet.

Die gewachsenen Marktbeziehungen brachen nach den Teilungen zusammen. Vor allem Galizien, das durch seine naturräumlichen Grenzen (im Karpatenbogen) und seine Verkehrstopographie mit der Weichsel als Haupthandelsweg von den übrigen österreichischen Gebieten abgewandt lag, verarmte dramatisch. In Preußen wurde zu Beginn des 19. Jahrhunderts zwar das Gewerberecht modernisiert, doch wegen mangelnder Regionalförderung konnte sich die großpolnische Textilindustrie nicht gegen die schlesische Konkurrenz behaupten. Industriebetriebe wanderten ab, das Großherzogtum Posen erlebte aber einen Aufschwung in der Landwirtschaft und entging somit dem Schicksal Galiziens.

In Kongresspolen wiederum förderte die Regierung seit 1820 gezielt die heimische Wirtschaft. Ein Einwanderungsgesetz lockte landwirtschaftliche Kolonisten aus Großpolen und Schlesien; in Mittelpolen, im späteren Großraum Lodz, siedelten sich Weber an, die im Großherzogtum Posen ihre Stellung verloren hatten. Im Jahre 1821 begann im Dąbrowa-Revier, östlich von Oberschlesien, die Förderung des Kohleabbaus und die Ansiedlung von Eisen- und Stahlindustrie; gleichzeitig wurden die Ausfuhrzölle nach Russland gesenkt und hohe Zollschranken gegenüber den westlichen Nachbarn errichtet. Die wachsende Industrie bot Möglichkeiten zur Beschäftigung der landlosen Bevölkerung, doch der demographische Wandel wurde in der ersten Hälfte des 19. Jahrhunderts noch durch den langsamen Strukturwandel in der Landwirtschaft und die Kontrollbedürfnisse der Obrigkeit gehemmt.

Nach den Teilungen erließen die preußische und die österrei-

chische Verwaltung zunächst Verordnungen, um die Besitzrech-
te der Bauern am Land zu stärken, ohne jedoch die feudalen Abhängigkeiten, die Dienst- und Abgabepflichten gegenüber den
Gutsherrn zu lockern. Im russischen Teilungsgebiet wurde die
Rechtslage der Bauern an die russischen Verhältnisse angepasst;
hier hatten die Bauern kaum noch Möglichkeiten, sich der Will-
kür der Gutsherren entgegenzustellen. Die Landreform zog sich
in Preußen bis 1858 hin, in Galizien kam sie erst nach den Unruhen von 1846 wirklich in Gang, und im Russischen Reich dauerte es gar bis 1861, bis der Zar eine «Bauernbefreiung» verkündete, die es den Bauern ermöglichte, ihre Feudallasten gegenüber
den Gutsherren abzulösen.

In allen Teilungsgebieten sorgte die Obrigkeit jedoch dafür,
dass die Gutsbesitzer durch die neuen Regelungen nicht über-
mäßig belastet wurden. Diese reagierten unterschiedlich auf die
neue Lage: Viele erhöhten die Anbaufläche ihrer Vorwerke auf
Kosten des Bauernlandes und nutzten die rechtlich freie, aber
weiterhin ökonomisch abhängige Landbevölkerung als billige
Arbeitskraft. Das Getreide wurde auf dem Gut zu Branntwein
verarbeitet und mittels Propination (Konsumzwang) an die Bauern verkauft, was die sozialen Probleme (Alkoholismus) auf dem
Lande weiter verschärfte. Andere Grundherren wichen auf neue
Betriebsformen aus. Sie wandten sich dem produzierenden Ge-
werbe, v. a. der Tuchproduktion, zu und gründeten Industrie-
siedlungen, in denen die Landbevölkerung Arbeit finden konnte.
Die Verbindung mit der agrarischen Produktion (Schafzucht,
Flachsanbau) lieferte anfangs die notwendigen Rohstoffe, bis die
Entwicklung des Verkehrsnetzes dies weitgehend überflüssig
machte, und man die Rohmaterialien kostengünstig auch aus
entfernteren Gebieten heranschaffen konnte.

Die jüdische Bevölkerung

Alle drei Teilungsmächte waren auf die große jüdische Bevölkerung in den erworbenen Territorien nicht vorbereitet. Preußen
und Österreich versuchten zunächst die Juden – mit Ausnahme
der wirtschaftlich attraktiven Oberschicht – auszuweisen. Die

Verwaltung musste aber bald einsehen, dass eine solche Massenvertreibung in jeder Hinsicht undurchführbar war. Die russische Regierung definierte einen «Ansiedlungsrayon» in den westlichen Gouvernements, jenseits dessen sich keine Juden niederlassen können sollten.

Unter dem Einfluss der napoleonischen Gesetzgebung gab es mehrfach Anläufe, auch den Juden gleiche Rechte zuzugestehen, doch wurde dies jeweils nach kurzer Zeit wieder zurückgenommen. In allen drei Teilungsgebieten blieben diskriminierende Ansiedlungs- oder Berufsverbote in Kraft. Dadurch wurden traditionelle Berufszweige abgeschnitten, und die jüdischen Unterschichten verarmten.

Viele Juden wanderten daher bereits in der ersten Hälfte des 19. Jahrhunderts in die neuen Industriezentren und nach Warschau. Der jüdische Bevölkerungsanteil in den westlichen Teilen Kongresspolens stieg kontinuierlich an. Allerdings blieb der größte Teil der jüdischen Bevölkerung weiterhin in den kleinen Landstädtchen im Osten Kongresspolens, in Galizien oder den ukrainischen und weißrussischen Gouvernements Russlands wohnen, wo Juden nicht selten 90 % und mehr der Stadtbevölkerung stellten.

In der ersten Hälfte des 19. Jahrhunderts wahrten die Juden überwiegend Distanz zu den Nationalbewegungen. Erst beim Aufstand 1863 in den großen Städten, v. a. in Warschau, ließen sich die «modernen» Juden, die auf die vollständige Durchsetzung der Emanzipation hofften, von der polnischen nationalen Begeisterung mitreißen. Im Großherzogtum Posen hatte bereits die Revolution von 1848 eine nationale Selbstdefinition der Juden «erzwungen». Die Mehrheit optierte hier für die «deutsche Seite», allerdings waren dabei die Verbundenheit mit den Ideen der Berliner Hashalah und die Hoffnung auf Emanzipation stärker als eigentlich nationale Beweggründe. Die rechtlichen Diskriminierungen wurden in allen drei Teilungsgebieten erst zwischen 1861 und 1869 aufgehoben.

Nationale Konkurrenz und die Formierung einer modernen Gesellschaft (1864–1914)

Einbinden oder ausgrenzen?
Die Bedeutung des Nationalismus für die Teilungsmächte

Im Januaraufstand 1863/64 war deutlich geworden, dass die bisherige Politik einer staatlichen Integration der Teilungsgebiete gescheitert war. Die russische Regierung verfolgte nun das Ziel, diese Gebiete vollständig mit dem Russischen Reich zu verschmelzen. Das «Königreich Polen» wurde in «Weichselland» umbenannt, der Begriff «Polen» aus dem offiziellen Sprachgebrauch verbannt und ab 1866 auch die bisher eigenständigen Institutionen in Kongresspolen, bis hin zum Amt des Statthalters, aufgelöst. Im Vorfeld der deutschen Reichseinigung 1866–1871 wandte sich auch Preußen/Deutschland erneut einer administrativen Unifizierungspolitik zu. In beiden Ländern standen zunächst konfessionelle Kriterien im Vordergrund. Katholiken wurden beim Zugang zu öffentlichen Ämtern benachteiligt, die Beziehungen der katholischen Geistlichkeit zum Papsttum waren prinzipiell als staatsfeindlich verdächtig. Die Auseinandersetzung ging in beiden Ländern über den polnischen Zusammenhang hinaus; im Deutschen Reich eskalierte sie 1873/74 im sog. Kulturkampf, im Russischen Reich wurde die griechisch-katholische Kirche mit der russisch-orthodoxen Kirche zwangsvereinigt, zuerst (nach 1839) in den ehemals zum Großfürstentum Litauen gehörenden Gouvernements, später dann auch im ehemaligen Königreich Polen (1875).

Gänzlich anders war die Lage der polnischen Bevölkerung im österreichischen Teilungsgebiet, denn in der Habsburgermonarchie lebten nicht weniger als zehn nationale Gruppen. Die Dominanz einer einzigen Titularnation wie in Preußen/Deutschland oder Russland war schon wegen der numerischen Verhältnisse zwischen den einzelnen Bevölkerungsgruppen faktisch nicht durchzusetzen. Anders als in den tschechischen und italienischen bzw. slowenischen Provinzen der österreichischen Reichshälfte war der deutsche Bevölkerungsanteil in Galizien nur gering, somit konnten Autonomieregelungen hier früher und problemloser durchgesetzt werden. In Galizien gab es keinen konfessionellen Gegensatz zwischen der polnischen Bevölkerung und der Zentralmacht, so dass Polen nach dem Konkordat von 1855 keine Probleme hatten, für Katholiken reservierte Stellen im Staatsdienst zu besetzen.

In Preußen stieß die liberale Polenpolitik Österreichs auf wenig Verständnis. Dort sah man, vor allem nach der Gründung des Deutschen Reichs 1871, die Existenz einer bedeutenden nationalen Minderheit als Gefahr für den Zusammenhalt des jungen Nationalstaats. Die Regierung Bismarck und fast alle ihre Nachfolger versuchten daher, die preußischen Ostprovinzen nach Kräften zu «germanisieren», indem sie alles Polnische dort unterdrückten. 1876 wurde das Polnische als Amts- und Geschäftssprache in den Ostprovinzen verdrängt und 1884 ein (wenig wirkungsvolles) Ansiedlungsgesetz erlassen, welches deutschen Bauern die Niederlassung auf ehemals polnischem Grundbesitz ermöglichen sollte. Die Einführung des Deutschen als alleiniger Unterrichtssprache im Religionsunterricht 1901 führte in den polnischen Teilen Preußens zu Schulstreiks, die von den Behörden mit aller Härte unterdrückt wurden. Vor den Reichstagswahlen 1908 wurde das Polnische sogar als Vereins- und Versammlungssprache verboten, doch musste diese Verordnung später auf Gerichtsbeschluss wieder aufgehoben werden.

Auch in der Siedlungspolitik versuchte die Regierung nun mit immer drastischeren Maßnahmen, gegen die Polen vorzugehen. Das «Feuerstättengesetz» von 1904 verbot polnischen Bauern, ohne behördliche Genehmigung neue Wohnhäuser zu errichten. Daraufhin stellte der Bauer Michał Drzymała einen Zirkuswagen auf seiner Parzelle auf, in dem er so lange wohnte, bis er durch die Behörden zum Verkauf des Grundstücks gezwungen wurde. Im Jahre 1908 folgte dann das «Gesetz zur Stärkung des Deutschtums in den Provinzen Posen und Westpreußen», welches Enteignungen polnischer Grundeigentümer ermöglichte.

Die harsche Konfrontationspolitik der Reichsregierung, die nicht selten durch übereifrige Beamte vor Ort noch zusätzlich verschärft wurde, verfehlte ihre Ziele. Nicht das «Deutschtum» wurde letztlich gestärkt, sondern die Spannungen zwischen den Nationalitäten in den Ostprovinzen.

Demographischer Wandel: Bevölkerungswachstum, neue soziale Gruppen und Migration

Im Verlauf des 19. Jahrhunderts wuchs die Bevölkerung in Europa weitaus schneller als in den vorangegangenen Jahrhunderten. Die polnischen Gebiete wiesen dabei überdurchschnittlich hohe Zuwachsraten auf. In den Territorien des polnisch-litauischen Doppelreichs erhöhte sich die Bevölkerungszahl zwischen 1795 und 1910 von 12 auf 34 Mio. Menschen. Urbane Zentren erlebten eine regelrechte Bevölkerungsexplosion, während agrarisch strukturierte Gebiete deutlich geringere Wachstumsziffern aufwiesen. War zu Beginn des 19. Jahrhunderts noch Galizien das bevölkerungsreichste Teilungsgebiet, wurde es im Jahre 1910 von Kongresspolen um gut 50% übertroffen (8 Mio. zu 12 Mio. Einwohner), allerdings erreichte es erst damit auch eine vergleichbare Bevölkerungsdichte (101 bzw. 102 E./km²). Ermöglicht wurde dieses Wachstum durch die Fortschritte im Bereich der öffentlichen und privaten Hygiene, die das Leben in den großen Städten angenehmer und sicherer machten, die Sterblichkeitsrate sinken ließen und die Lebenserwartung erhöhten.

Der wirtschaftliche Strukturwandel im 19. Jahrhundert veränderte nicht nur die demographischen Gewichtungen zwischen Stadt und Land sowie das äußere Erscheinungsbild der Städte. In den Wirtschaftszentren wurden die traditionellen Sozialstrukturen ergänzt (und zum Teil auch abgelöst) durch neue Gruppen: die Unternehmer, die Arbeiter und die Intelligenz.

Die Unternehmer hatten ihre Wurzeln häufig in Handwerk und Handel, die eine Produktionsstätte oder das Grundkapital für den Aufbau einer Firma lieferten. Seltener fanden sich unter ihnen Angehörige des Adels, die ihre Gutswirtschaft modernisierten und Fabriken statt Vorwerke errichteten. In den jungen polnischen Industriezentren, wie z. B. in Lodz, ließen sich viele Unternehmer aus dem Ausland, besonders aus den deutschen Ländern, nieder. Zwischen polnischen, deutschen und jüdischen Unternehmern entstand ein enges Netz von wirtschaftlichen wie gesellschaftlichen Verbindungen.

Ein Nebeneinander von Personen unterschiedlicher Herkunft, Sprache und Konfession kennzeichnete auch die entstehende Arbeiterklasse. Die neu in die Städte Gekommenen versuchten häufig, Anschluss bei schon länger vor Ort tätigen Verwandten oder Bekannten zu finden. So bildeten sich Vorstädte mit intensiven Nachbarschaftsbeziehungen heraus, die das Gefühl der Entwurzelung minderten, aber auch eine gewisse «Ghettoisierung» mit sich brachten.

Die sich im 19. Jahrhundert als Sozialgruppe formierende Intelligenz (Beamte, Freiberufler, Künstler) war offen für Menschen unterschiedlicher Herkunft, allerdings existierten zahlreiche Beschränkungen bei der Aufnahme in den Staatsdienst (gegen Juden oder Polen). Vielleicht am meisten von allen Gesellschaftsgruppen war die Intelligenz offen für neue kulturelle Einflüsse. Dies ließ sie bald zum Vorbild für andere Teile der Bevölkerung werden. Bereits in den 1840er Jahren gab es Versuche, die Intelligenz als Avantgarde der Nation zu beschreiben, da ihre Angehörigen in der Aufstandsbewegung – stärker noch als der Adel – eine führende Rolle gespielt hatten.

Abgesehen von den neuen Sozialgruppen war die gesellschaftliche Entwicklung im 19. Jahrhundert entscheidend von der steigenden Mobilität der Bevölkerung geprägt. Die Agrarreformen in der ersten Hälfte des 19. Jahrhunderts hatten alte Abhängigkeiten aufgelöst, zugleich boten sich in den entstehenden Industriezentren neue Erwerbsmöglichkeiten für die wachsende landlose Bevölkerung. So kamen nach 1820 deutsche Bauern als Kolonisten nach Kongresspolen; Unternehmer und Weber aus verschiedenen Teilen Preußens trugen zum Aufschwung des neuen Textilzentrums Lodz bei. Immer mehr Menschen zogen zunächst ins schlesische Montanrevier, später auch ins Ruhrgebiet und trugen dort zum wirtschaftlichen Aufschwung bei. Auch Landarbeiter nutzten das Wohlstandsgefälle und zogen aus Russisch-Polen und Galizien nach Preußen, ließen sich zum Teil dauerhaft nieder. Die dortigen Unternehmer und Gutsbesitzer, aber auch die örtlichen Verwaltungsstellen sahen diese Entwicklung zumeist mit Wohlwollen, da die Zuwanderung half, die Löhne niedrig zu halten, wodurch die Wirtschaft konkurrenzfähig blieb.

Im letzten Viertel des 19. Jahrhunderts aber schwenkte die preußische Regierungspolitik in den Ostprovinzen auf einen nationalistischen Ausgrenzungskurs ein. Die Anwesenheit nichtdeutscher Bevölkerungsteile galt nun als Bedrohung für den Zusammenhalt des Staates. Betroffen davon waren vor allem die dort lebenden Polen, aber auch die (katholischen) Kaschuben um Danzig oder die (protestantischen) Kleinlitauer um Tilsit und Memel sowie (im Zeichen des ebenfalls wachsenden Antisemitismus) die Juden. In den vier Ostprovinzen (Ostpreußen, Westpreußen, Posen, Schlesien) wurden 1883 die «illegalen» Zuwanderer gezählt und ab 1885 ausgewiesen: mehr als 32 000 Personen, darunter über 20 000 polnische Kleinbauern und Landarbeiter sowie ca. 9000 Juden. Wirtschaftlich schadete die Aktion den betroffenen Provinzen; in der deutschen wie europäischen Öffentlichkeit war die Reaktion ebenfalls negativ. Erstmals stellte sich sogar der deutsche Reichstag mehrheitlich gegen die Politik der Regierung und verurteilte die Ausweisungen (am 16.1.1886). Die polnische Öffentlichkeit prangerte vor allem die Tatsache, dass selbst Kinder von den Ausweisungen betroffen waren, als Akt der Barbarei an. Einzig die nationalistischen Kreise im Deutschen Reich, die sich später (ab 1894) im «Deutschen Ostmarkenverein» zusammenfanden, begrüßten die ostentative Verschärfung der nationalen Konfrontation.

In den letzten Jahrzehnten des 19. Jahrhunderts wuchs die Migrationsbewegung weiter an. Aus den preußischen Ostprovinzen zogen Arbeiter ins Ruhrgebiet, aus allen Teilungsgebieten wanderten Menschen nun verstärkt nach Übersee aus. Von den ca. 3,5 Mio. Menschen, die in jener Zeit die polnischen Länder verließen, waren ca. 60% Polen; unter den übrigen stellten Juden den größten Prozentsatz, gefolgt von Ukrainern.

In der Folge entstanden vor allem in den USA und in Südamerika dynamische Auswandererzentren, die engen Kontakt mit der alten Heimat hielten. Überweisungen von Auswanderern an Verwandte halfen gerade in den wirtschaftlich zurückgebliebenen Regionen, den Lebensstandard zu erhöhen; zudem kehrten, Schätzungen zufolge, drei von zehn Auswanderern in die alte Heimat zurück.

Die Ideen der «Organischen Arbeit»

Der wirtschaftliche und soziale Wandel veränderte den Begriff der Nation. Er zwang zur Neudefinition nationaler Ziele und der Wege, um sie zu erreichen. Bereits im ersten Drittel des 19. Jahrhunderts gab es Stimmen, die der Konspiration als Mittel zur nationalen Selbstbehauptung kritisch gegenüber standen und für eine grundlegende wirtschaftliche, soziale und kulturelle Modernisierung der polnischen Gesellschaft eintraten. Auf ihre Initiative hin entstanden – zuerst im preußischen Teilungsgebiet – polnische Vereine, die dort ansetzten, wo staatliche Unterstützung fehlte. Sie alle folgten dem Ideengut der «organischen Arbeit», das auf die aufklärerischen Reformprogramme des späten 18. Jahrhunderts zurückging.

Wegen ihrer Abkehr vom Aufstandsgedanken stießen sie um die Jahrhundertmitte in den anderen Teilungsgebieten noch häufig auf Ablehnung. Erst nach 1864 setzte sich auch dort das Konzept durch, anstelle militärischer Auseinandersetzungen durch Initiativen von unten dem zunehmenden Konfrontationskurs der Regierungen zu begegnen. In der «organischen Arbeit» kam den Selbsthilfevereinen eine zentrale Rolle zu. Je mehr im offiziellen Leben Germanisierung und Russifizierung offensiv zu Kampfmitteln gegen «das Polentum» wurden, desto größer wurde die Akzeptanz der gesellschaftlichen Selbstorganisation auch bei jenen polnischsprachigen und/oder katholischen Bevölkerungsteilen, die sich während der Aufstände noch loyal zur Obrigkeit verhalten hatten, jetzt aber unterschiedslos ebenfalls von Repressionen betroffen waren.

Die ersten modernen Parteien

Polen konnten sich in Österreich und Deutschland auch aktiv am politischen Leben beteiligen, während im Russischen Reich in den westlichen Gouvernements nach 1864 alle Selbstverwaltungsorgane aufgelöst worden waren. Das herrschende Mehrheitswahlrecht begünstigte aber die Wahl von Einzelpersonen, die sich erst im Parlament zu Fraktionen zusammenfanden. Die modernen Parteien entstanden hingegen außerhalb der Parlamente. Als erste schlossen sich 1876 in Warschau die Sozialisten aus den russischen Teilungsgebieten zusammen. Ihre Organisation entstand aus Studentenzirkeln, die Kontakt mit der Arbeiterschaft suchten und die Ideen der «organischen Arbeit» zugunsten einer sozialen Revolution ablehnten. In den Jahren 1892/93 formierte sich dann die Polnische Sozialistische Partei, zunächst im Exil in Paris und ein Jahr später dann in Wilna. Zu ihren Gründungsmitgliedern zählte Józef Piłsudski (1867–1935), der wegen mittelbarer Beteiligung am Attentat auf Zar Alexander III. 1887 zu fünf Jahren Verbannung verurteilt und soeben aus Sibirien zurückgekehrt war. Bereits im folgenden Jahr spaltete sich die «Sozialdemokratie des Königreichs Polen» unter Rosa Luxemburg und Julian Marchlewski (später auch in Litauen tätig) von den Sozialisten ab, da sie die nationalpolnische Ausrichtung des Flügels um Piłsudski nicht mittragen wollte. Im Jahre 1897 folgte die Gründung des «Allgemeinen jüdischen Arbeiterbundes» (Bund) sowie der «Nationaldemokratischen Partei» unter der Führung von Roman Dmowski (1864–1939), die eine entschieden antisozialistische Haltung vertrat. In Galizien organisierten sich polnische und ukrainische Sozialdemokraten zunächst gemeinsam, trennten sich aber 1897 in einen polnischen und einen ukrainischen Zweig. Zur wichtigsten politischen Kraft auf dem Lande wurde dort die «Volkspartei» unter der Führung von Wincenty Witos (1874–1945).

Programmatisch verbanden die Sozialisten unter Piłsudskis Führung die Forderung nach sozialer Revolution mit dem Streben nach nationaler Unabhängigkeit, während die Sozialdemo-

kraten eine Spaltung in eine russische und eine polnische Arbeiterschaft ablehnten und daher auch gegen eine Unabhängigkeit
Polens eintraten. Programmatische und personale Konflikte
zwischen beiden sozialistischen Parteien behinderten die Agitation unter den Arbeitern, so dass sie zunächst keine Massen-
basis gewinnen konnten. Der «Bund» konzentrierte sich auf die
jüdischen Arbeiter und stellte die Arbeit vor Ort in den Mittelpunkt seines Programms, womit er sich vor allem von den Zionisten abhob, die den Aufbau Palästinas zur jüdischen Heim-
stätte propagierten.

Besser als den sozialistischen Parteien gelang es der galizischen «Volkspartei», ihre bäuerliche Klientel zu mobilisieren
und in der 1895 zugelassenen 5. Kurie des galizischen Landtags
(für Arbeiter und Bauern) eine parlamentarische Basis zu erlan-
gen. Zu Beginn des 20. Jahrhunderts errangen die Nationaldemokraten innerhalb der bürgerlichen Wählerschichten Galiziens und der Provinz Posen sowie (ab 1906) im russischen Teilungsgebiet eine Vorrangstellung. Attraktiv an ihrem Programm
war für die Wähler zunächst die Gegnerschaft zu sozialistischen
Parolen; als Hauptgegner Polens auf dem Weg zur Unabhängigkeit erschien ihr nicht Russland, sondern Deutschland.

Die moderne Nation im Bewusstsein der Bevölkerung und in der Kunst

Eine Nation basiert auf einem übergreifendem Zusammengehö-
rigkeitsgefühl, für das Kriterien wie gemeinsame Sprache, Konfession oder Geschichte/Kultur eine wichtige Rolle spielen, das
aber letztlich vor allem von einem subjektiven Bewusstsein der
Teilhabe an dieser Gemeinschaft bestimmt wird. Bis in die erste
Hälfte des 19. Jahrhunderts war ein solches Bewusstsein vor allem beim Adel (der politischen Elite) und den gebildeten Schich-
ten der großen Städte (Intelligenz und gehobenes Bürgertum)
anzutreffen. Der überwiegende Teil der Bevölkerung definierte
sich eher in lokalen bzw. regionalen Kategorien («Galizier»,
«Masuren») oder bezeichnete sich schlicht als «Hiesige». Soziale Trennlinien waren häufig wichtiger als sprachlich-kultu-

relle Gemeinsamkeiten. Polnischsprachige, katholische Bauern in Galizien empfanden um die Mitte des 19. Jahrhunderts ihre ukrainischsprachigen unierten Nachbarn als näherstehend als die ebenfalls polnischsprachigen und katholischen «Herren» auf den Gutshöfen oder in den Städten – und verweigerten den Aufständischen 1846 und 1848 die Gefolgschaft. Im preußischen und russischen Teilungsgebiet wurden Sprache und Konfession im letzten Drittel des Jahrhunderts von der Obrigkeit als Kriterien zur Ausgrenzung und Diskriminierung gegen die nichtdeutsche oder nichtrussische Bevölkerung instrumentalisiert. Die gemeinsame Erfahrung dieser Ausgrenzung und die gesellschaftliche Selbstorganisation der polnischen Nationalbewegung als Antwort darauf ließen alte soziale Schranken an Bedeutung verlieren.

Neben der «negativen» Erfahrung der gemeinsamen Ausgrenzung wirkten aber auch positive Faktoren auf die Gestaltung des modernen Nationalbewusstseins. Die Kirche bot eine überlokale Gemeinschaft; in den Predigten wurden moralische, soziale und (bereits im Novemberaufstand) auch nationale Werte vermittelt. Die Schule brachte die Kinder in Kontakt mit Literatur und Geschichte und baute so einen gemeinsamen «nationalen» Kulturkanon auf. Der Stolz auf die «nationale» Geschichte, der in der Schule geweckt und in häuslichen Erzählungen gepflegt wurde, fand seinen Ausdruck auch in nationalen Feiern, die im späten 19. Jahrhundert – von der Obrigkeit weitgehend ungehindert – in allen Teilungsgebieten Beachtung fanden: vom Jahrestag des Siegs von König Jan Sobieski über das Osmanische Heer bei Wien (1883) über den 100. Geburtstag Adam Mickiewiczs (1898) bis hin zu den Gedenkfeiern anlässlich der 500. Wiederkehr der Schlacht von Tannenberg (1910).

Die Erfahrung der gescheiterten Aufstände führte im polnischen Geistesleben zur Abkehr von den Idealen der Romantik. Eine neue Generation von Künstlern, die sich als Positivisten bezeichneten, stellte zunächst die Notwendigkeit einer inneren Modernisierung der polnischen Gesellschaft ins Zentrum ihres Schaffens. Eine Art Paradebeispiel für «Organische Arbeit» in der Literatur ist die Figur des Wokulski in Bolesław Prus' Ro-

man «*Lalka*» (Die Puppe, 1890). Je mehr sich jedoch die nationale Konfrontation auch von Seiten der Teilungsmächte verschärfte, desto stärker bildeten sich die nationalen Auseinandersetzungen in literarischen Werken ab. Bereits 1886 veröffentlichte Prus in Anspielung auf die Ansiedlungspolitik in
den preußischen Ostprovinzen die Novelle «*Placówka*» (Der
Vorposten), in der sich ein polnischer Bauer in einer zunehmend
fremden Umgebung behauptet. Die Dichterin Maria Konopnicka nahm die preußischen Schulstreiks und das Enteignungsgesetz von 1908 zum Anlass für das Lied «*Rota*», das in Form
eines Gebets die Entschlossenheit zum Widerstand gegen eine
brutale Germanisierungspolitik beschwor («Wir verlassen das
Land nicht, von dem unsere Väter stammen ... Nicht wird uns
der Deutsche ins Gesicht speien und unsere Kinder germanisieren ... So wahr uns Gott helfe.»).

Großen Anklang fanden historische Motive, in denen –
für die Zensur verklausuliert, aber für die Leserschaft leicht
zu entschlüsseln – Kritik an den Teilungsmächten geübt und
Erinnerungen an die glorreiche Vergangenheit Polens wachgehalten werden sollten. Hier tat sich besonders Henryk Sienkiewicz hervor, der für seinen Roman «*Quo Vadis*» (1886) den
Nobelpreis erhielt, und dessen Historienerzählungen durch abschnittweise Vorabdrucke in Zeitungen ein breites Lesepublikum erreichten. Sienkiewiczs Werke, wie z.B. «*Krzyżacy*» (Die
Kreuzritter, 1900) oder die «Trilogie» (um die Kriege gegen
Moskau, Schweden und das Osmanische Reich im 17. Jahrhundert, 1884–88) zielten weniger auf Vernunft und gesellschaftspolitische Erziehung wie die Werke der frühen Positivisten, sondern auf «Erbauung der Herzen». Patriotische Gefühle weckten
auch die in großen Ausstellungen gefeierten Historienbilder des
Malers Jan Matejko, der an der Polnischen Akademie der Schönen Künste in Krakau wirkte (z.B. «Schlacht bei Tannenberg»
1879, «Die preußische Huldigung» 1882).

Frau und Mann
in der modernen polnischen Gesellschaft

Literatur und Publizistik schrieben im 19. Jahrhundert den Frauen vor allem eine Rolle im Bereich des Privaten zu. Als Frau und Mutter unterstütze sie den Mann und sorge für die Erziehung der Kinder, auch und besonders durch Vermittlung der nationalen Werte. Doch dieses vorwiegend von Männern geprägte Bild passte nur bedingt zu den gesellschaftlichen und politischen Realitäten im geteilten Polen.

Frauen, die durch Geburt (Adel) und/oder Bildung (Intelligenz) der gesellschaftlichen Elite angehörten, interessierten sich auch für nationale Belange und versuchten, die Geschicke der polnischen Nation mit zu beeinflussen. Einige übernahmen eine Führungsrolle in der Nationalbewegung, wie Emilia Plater als Heerführerin im Novemberaufstand oder Maria Konopnicka, die dem polnischen Widerstand gegen die preußische Germanisierungspolitik an der Wende zum 20. Jahrhundert kraftvollen und bleibenden Ausdruck verlieh.

Bereits zu Beginn des 19. Jahrhunderts beschrieben zahlreiche adelige Frauen die Unterstützung für die Kämpfer in den napoleonischen Kriegen als nationales Initiationserlebnis. Nach den Aufständen von 1830/31 und 1863/64 erhielt ihr nationales Engagement eine neue Dimension. Als ihre Ehemänner im Kriege gefallen, in die Verbannung geschickt oder ins Exil gegangen waren, mussten die Frauen nicht nur die Familien zusammenhalten, sondern auch die Rolle der Hausherrin übernehmen und den (verbliebenen) Familienbesitz bewirtschaften. Gerade die umfangreichen Repressionen nach 1864 zwangen die betroffenen Frauen und Männer, traditionelle Rollenmuster neu zu definieren.

In anderen Gesellschaftsschichten war das Aufbrechen der alten Rollenverteilung auf den allgemeinen Gesellschaftswandel in der Zeit der Industrialisierung zurückzuführen. Gerade in Handwerker- und Arbeiterhaushalten erzwangen wirtschaftliche Gründe auf Dauer eine aktive Rolle der Frauen im Erwerbsleben. Diese Frauen entwickelten neue Erwartungen an ihre Ehegatten und begannen, eine gleichmäßigere Aufteilung der häuslichen Pflichten einzufordern. Unter den Männern wiederum scheinen sich am ehesten die Arbeiter in den entstehenden Großstädten den neuen Anforderungen gegenüber geöffnet zu haben. In bürgerlichen und ländlich-traditionellen Milieus war hingegen eher ein Rückzug der Männer aus dem Familienleben zugunsten von Vereinen und Parteien festzustellen.

Die Forderungen der sich formierenden Frauenemanzipationsbewegung nach gleichen Bildungs- und Berufschancen hatten es weiterhin schwer, sich im (männlichen) öffentlichen Diskurs durchzusetzen. Für die Vordenker der nationalen wie auch der sozialistischen Bewegungen, die ja durchaus bereit waren, die Benachteiligung der Frauen unter den gegebenen Verhältnissen anzuerkennen, lag die Lösung der «Frauenfrage» jedoch nicht in einem neuen Verhältnis der Geschlechter. Die Benachteiligung der Frau erschien in diesen Schriften durchgängig als sekundäres Problem, das sich nach Vollendung der nationalen Befreiung oder der sozialistischen Revolution von selbst erledigen werde.

Die nichtpolnischen Bevölkerungen des ehemaligen polnisch-litauischen Doppelreichs

Im Verlauf des 19. Jahrhunderts formierten sich auf dem Gebiet des ehemaligen polnisch-litauischen Doppelreichs neben der polnischen auch andere Nationen, allen voran die ukrainische und die litauische. Das historische Litauen begeisterte die polnischen Romantiker in der ersten Hälfte des 19. Jahrhunderts. Adam Mickiewicz begann sein Werk «*Pan Tadeusz*» – 1832/34 im Exil entstanden –, das bis heute als polnisches Nationalepos gilt, mit den Worten «Litauen, mein Vaterland …»; polnische Adelige förderten die Sammlung litauischer Volksdichtungen, der *Dajnas*. Dabei zeigten sich Ansätze zu einem litauischen Regionalbewusstsein, welches später von litauischen Intellektuellen aufgegriffen und für die litauische Nationalbewegung fruchtbar gemacht wurde.

Anders als die litauische Bevölkerung lebten die Ukrainer ver-

streut über ganz unterschiedliche Territorien, was ihre Nations-
bildung nachhaltig beeinflussen sollte. Die linksufrige Ukraine, die bereits seit 1654 Teil des Russischen Reiches war, hieß
seit dem späten 18. Jahrhundert offiziell «Kleinrussland»; die
Ukrainer in Ostgalizien wurden als Ruthenen bezeichnet. Dazu
kamen konfessionelle Unterschiede – die ukrainische Bevölkerung im Russischen Reich gehörte der orthodoxen Kirche an,
die in Galizien der griechisch-katholischen (unierten) Kirche. So
vollzog sich auch das «nationale Erwachen», die Entdeckung
einer ukrainischen Kultur, zunächst in getrennten Bahnen: im
Russischen Reich schuf Taras Ševčenko (1814–1861) in seinen
Dichtungen die moderne ukrainische Schriftsprache, während
sich zur gleichen Zeit Schriftsteller in Galizien auf die Sammlung ukrainischer Lieder und Volksdichtungen konzentrierten.
  Offiziell wurden nach 1864 in den russischen Westgouvernements die litauische und die ukrainische Sprache ebenso unterdrückt wie die polnische; weder in Druckwerken noch im
Unterricht durften sie verwendet werden. Ukrainische Intellektuelle wichen daraufhin nach Galizien aus, litauische konnten
ihre Schriften in Preußisch-Litauen (Kleinlitauen um Memel
und Tilsit) verlegen und dann wieder ins Land schmuggeln.
  Der ukrainischen, litauischen und der erst später sich formierenden weißrussischen Nationalbewegung standen außerdem
die konkurrierenden polnischen und russischen Nationalbewegungen entgegen. Der russischen Nationalbewegung galten die
ukrainischen und weißrussischen Gebiete zumeist als integraler
Teil des russischen Landes, zumal Kiev ja die Wiege der (alt-)
russischen Staatlichkeit gewesen sei; Ukrainisch und Weißrus-
sisch seien keine eigenen Sprachen, sondern bäuerliche Dialek-
te, die früher oder später ohnehin in der russischen Kulturspra-
che aufgehen würden.
  Auch die polnische Nationalbewegung sah die Ukraine,
Weißrussland und Litauen als integralen Teil ihres historischen
Erbes und ihrer eigenen Zukunftsvisionen an. Polnische Akti-
visten beteuerten, dass für die Eliten dieser «Randvölker» (*ludy
kresowe*) das Polnische seit je attraktiv gewesen sei, und sie sich
freiwillig polonisiert hätten. Ein wieder unabhängiges Polen sei

ohne die litauischen, weißrussischen und ukrainischen Gebiete undenkbar. Im Gegenzug beschworen litauische und ukrainische Intellektuelle ihre «eigene» Geschichte. Sie beriefen sich auf die litauischen Großfürsten im Mittelalter bis hin zu Vytautas (Witowt) sowie auf die Kiever Rus', um zu zeigen, dass ihren Völkern ein Platz im künftigen Europa der Nationen gebührte. Historische wie ethnische (sprachlich-kulturelle) Argumente dienten zur Legitimation territorialer Ansprüche für eine Zeit nach dem Ende der hegemonialen Imperien, und diese Zeit sahen Polen, Litauer, Ukrainer und auch bereits einige weißrussische Intellektuelle zu Beginn des 20. Jahrhunderts zum Greifen nahe.

Die jüdischen Eliten tendierten um die Mitte des 19. Jahrhunderts dahin, sich in die jeweils führende Nation zu integrieren. In Preußen wandten sie sich der deutschen Kultur zu, im Russischen Reich wurde nach 1861 das Russische als übergreifende Kommunikationssprache attraktiv, und in Galizien unter dem Autonomiestatut setzte sich die polnische Option durch. Davon unberührt blieben aber, vor allem in Galizien und im Russischen Reich, die jüdischen Unterschichten, die zumeist streng konservativ-religiös waren und am Jiddischen als Umgangssprache festhielten. Gegen Ende des 19. Jahrhunderts wurde der Antisemitismus zu einer wachsenden Bedrohung. Als es in Russland 1881 zu einer Welle von Pogromen kam, erließ die russische Regierung nicht etwa Maßnahmen zum Schutz der jüdischen Bevölkerung, sondern eine Reihe von Sondergesetzen mit Berufs- und Ansiedlungsverboten für Juden sowie Zwangsumsiedlungen.

Auch in den anderen Teilungsgebieten nahm die Ausgrenzung der Juden zu. Die Antisemiten propagierten nicht länger die Assimilation der Juden an die nichtjüdische Umwelt, sondern griffen, auf der Grundlage «neuester rassenkundlicher Erkenntnisse» gerade die assimilierten Juden als besonders perfide, weil «getarnte» Gegner an. Hoffnungen auf Überwindung der Vorurteile schwanden, und als Antwort auf die zunehmenden Anfeindungen erstarkten in der jüdischen Bevölkerung zwei neue Bewegungen: Die Zionisten begriffen die Juden nicht mehr nur

als Religionsgemeinschaft, sondern als eine eigene Nation und
forderten demzufolge auch die Errichtung eines eigenen jüdischen Staatswesens – vorzugsweise in Palästina. Einen anderen
Weg schlugen die jüdischen Sozialisten ein, unter denen der
«Bund» zur wichtigsten Kraft werden sollte. Die Bundisten ver-
fochten das Prinzip des «Hierseins» (*doikejt*) und strebten, ver-
eint mit den nichtjüdischen sozialistischen Gruppierungen, die
Umwälzung der sozialen Verhältnisse an, mit denen die Ur-
sachen für Antisemitismus und Ausgrenzung beseitigt würden.

Neue Spielräume für die polnische Nationalbewegung

Nach der russischen Niederlage im russisch-japanischen Krieg
1904/05 kam es in den polnischen Gebieten wie im gesamten Reich zu Streiks und Demonstrationen, bei denen die Sozialisten zusammen mit den Sozialdemokraten und dem jüdischen Bund auftraten. Die Nationaldemokraten hingegen
lehnten diese Aktionen ab und gewannen damit breite Unterstützung in bürgerlichen Kreisen. Die russische Regierung zeigte sich
nun zu Zugeständnissen an die Bevölkerung bereit und lockerte
auch ihre bislang strenge antipolnische Haltung. Die seit 1864
gültigen Repressionen gegen polnische Organisationen wurden
aufgehoben, Polnisch und Litauisch als Schulsprachen zugelassen und die freie Religionsausübung gewährt. Für das gesamte
Kaiserreich versprach Zar Nikolaj II. den Erlass einer Verfassung und die Einberufung eines frei gewählten Parlaments
(Duma).

In den Wahlen errangen die Nationaldemokraten die große
Mehrheit der Sitze in den ehemals polnischen Gebieten («Weichselland» und Westgouvernements). Zweimal hintereinander
wurde die Duma kurz nach Wahlen aufgelöst und schließlich die
Anzahl der polnischen Mandate insgesamt so verringert, dass sie
im Parlament keine Bedeutung mehr erringen konnten.

Im deutschen Reichstag hatte die polnische Fraktion 1890 bis
1894 die Regierung Caprivi gestützt, ohne damit nachhaltige
Erfolge für die Lage der Polen in den preußischen Ostprovinzen
erzielen zu können. Die folgenden Kabinette verfolgten wieder

einen dezidiert nationalistischen Kurs, auf den die polnischen Abgeordneten lediglich mit Protesten reagieren konnten.

Anders war die Lage der Polen in der Habsburgermonarchie. In Wien stützte die (konservative) polnische Fraktion seit 1879 die Regierung. Das Kurienwahlsystem, welches die große Masse der Land- und Industriearbeiter vom Wahlrecht ausschloss, garantierte den Polen im galizischen Landtag ein klares Übergewicht über die Ruthenen (Ukrainer). Erst die Wahlrechtsreform 1907 mit der Einrichtung einer fünften Kurie brachte den Ruthenen einen starken Zuwachs an Mandaten in beiden Parlamenten; allerdings waren sie auch jetzt noch nicht ihrem Bevölkerungsanteil entsprechend repräsentiert. In Galizien hatte sich die ukrainische Nationalbewegung nämlich in eine loyal zu Wien stehende (Altruthenen) und eine dem russischen Neoslavismus zuneigende Fraktion (Jungruthenen) gespalten. Innerhalb der polnischen Bevölkerung wiederum repräsentierte die von Roman Dmowski inspirierte Nationaldemokratie, die zu einem einflussreichen Faktor im Landtag geworden war, ebenfalls eine prorussisch-antideutsche Option.

Neue Spielräume für die polnische Nationalbewegung ergaben sich aus dem Zerfall der «Heiligen Allianz» seit 1890. Deutschland und Österreich-Ungarn auf der einen sowie Russland auf der anderen Seite gehörten nun unterschiedlichen Militärbündnissen an und gerieten immer stärker in außenpolitischen Gegensatz zueinander. Berlin und Wien wiederum waren zwar militärisch und diplomatisch eng miteinander verbunden, verfolgten aber gegenüber der polnischen Bevölkerung in ihren Staaten eine diametral gegensätzliche Politik.

Angesichts der Spannungen zwischen den Teilungsmächten nahmen Pläne für die Wiederbegründung eines polnischen Staates allmählich Gestalt an. Der nun angestrebte Staat war nicht einfach das wiederhergestellte polnisch-litauische Reich von 1771. Die polnische Nationalbewegung hatte ein neues, ethnisch geprägtes Nationsverständnis entwickelt. Sie interessierte sich jetzt auch für Gebiete, in denen eine polnischsprachige Bevölkerung lebte, die aber vor der ersten Teilung nicht zum polnisch-litauischen Territorium gehört hatten, wie (Ober-)Schle-

sien oder das südliche Ostpreußen (Masuren). Auf der anderen
Seite hielt sie gegenüber der litauischen und ukrainischen Nationalbewegung am historischen Nationsbegriff und am territorialen Besitzstand des 18. Jahrhunderts fest.

Während der über einhundertjährigen Teilungszeit hatten sich
unübersehbare kulturelle Differenzen zwischen den Teilungsgebieten herausgebildet: Die preußischen Gebiete wiesen den
höchsten Alphabetisierungsgrad, die beste Infrastruktur und das
höchste Pro-Kopf-Einkommen aller polnischen Territorien auf;
Galizien war wirtschaftlich zurückgeblieben (daher die sprich-
wörtliche «galizische Armut»), aber die polnischen Eliten dort
verfügten über umfassende Verwaltungserfahrung. Doch es gab
nicht nur technische Differenzen, auch die Selbst- und Fremd-
einschätzung der Einwohner in den verschiedenen Teilungsgebieten wich oft vom nationalen Idealbild ab: die «Preußen» galten als Krämerseelen, denen der eigene Geldbeutel wichtiger sei
als die nationale Sache, Polen aus dem «Königreich» hingegen
als Romantiker und Hitzköpfe ohne Bodenhaftung, die «Galizier» schließlich hätten von den Österreichern den Hang zum
Formalismus und zu leeren Worthülsen in der Sprache übernommen (das «österreichische Gerede» ist im Polnischen bis heute
sprichwörtlich).

Auf dem Weg zur Unabhängigkeit: Polen im Ersten Weltkrieg

Als sich zu Beginn des Ersten Weltkriegs Deutschland und
Österreich-Ungarn auf der einen sowie Russland auf der anderen Seite gegenüberstanden, war allen Beteiligten bewusst, dass
das geteilte Polen (wie in geringerem Maße auch Litauen und
die Ukraine) entweder zu einem Trumpf oder zu einer schwe-
ren Belastung für die Kriegführung werden konnte, je nachdem
ob man die Unterstützung der dortigen Bevölkerung für die
eigenen Ziele zu gewinnen vermochte. Bereits im August 1914
richteten Kaiser Wilhelm II. und Zar Nikolaj II. Aufrufe an die
Polen, in denen eine Wiedervereinigung der polnischen Gebiete
unter deutscher bzw. russischer Führung angekündigt wurde.

Diese vagen Versprechungen konnten keine Mobilisierungs-effekte in der Bevölkerung auslösen. Etwas günstiger sah die Reaktion auf die österreichische Konzeption aus, im Falle eines Sieges Kongresspolen mit Galizien zu vereinen und dem neuen Kronland eine zumindest ähnlich weitreichende Autonomie zu gewähren, wie sie sich in Galizien bereits bewährt hatte.

Józef Piłsudski, der in Galizien bereits paramilitärische (Schüt-zen-)Verbände organisiert hatte, nahm die Wiener Politik zum Ausgangspunkt für eigene polnische Militäraktionen. Er ließ die Schützen mobilisieren und besetzte mit ihnen am 6. August 1914 im Namen einer noch nicht existenten polnischen Natio-nalregierung die Stadt Kielce in Russisch-Polen. Für seine «Le-gionen» galt allerdings von Anfang an die Unabhängigkeit eines aus allen drei Teilgebieten vereinten Polen als Ziel.

Trotz der Unterstützung durch einflussreiche polnische Poli-tiker gelang es den Kriegsparteien nicht, größere Teile der pol-nischen Bevölkerung für eine freiwillige Mobilisierung zu ge-winnen. Die Militärführungen auf beiden Seiten der Front wa-ren zu keinerlei Rücksicht auf die polnischen Zivilisten bereit. So hatte die deutsche Wehrmacht bei ihrer Offensive 1914 die Stadt Kalisch bombardiert und in Schutt und Asche gelegt; und als die russischen Verbände sich 1915 vor den Mittelmächten zurückziehen mussten, hinterließen sie nur noch «verbrannte Erde». Alles was demontiert werden konnte, wurde abtranspor-tiert, die Ernte auf den Feldern sowie zahlreiche Bauernhöfe niedergebrannt und Teile der Bevölkerung ins Innere Russlands verschleppt. Gerade im deutschen Militär waren antipolnische Phobien tief verwurzelt, wie der Umstand zeigt, dass im August 1914 eine Schlacht gegen russische Truppen in Ostpreußen zur «Schlacht von Tannenberg» stilisiert und dem siegreichen Gene-ral Hindenburg daraufhin zahlreiche Denkmäler gewidmet wurden. Durch seinen Sieg sei die «Schmach von 1410» getilgt worden.

Im Verlauf des Jahres 1916 wurde es offensichtlich, dass auch an der Ostfront keine schnelle militärische Lösung in Sicht war. In dieser Situation verkündeten die Generalgouverneure der Mittelmächte im Namen Kaiser Wilhelms II. und Kaiser Franz

Josephs am 5. November 1916 die Errichtung eines «Königreichs Polen» mit erblicher Monarchie und einem eigenem Heer, das sich eng an die Mittelmächte anlehnen sollte. Aber weder die Grenzen noch die Befugnisse der Regierung («Regentschaftsrat») waren geklärt, so dass die Führer der polnischen Nationalbewegung zurückhaltend blieben. Immerhin war damit das Thema der polnischen Eigenstaatlichkeit in die internationale politische Debatte zurückgekehrt.

Nach der Februarrevolution 1917 in Russland und der Abdankung des Zaren sahen sich die Westalliierten nicht länger zur Zurückhaltung gegenüber dem Bündnispartner verpflichtet und unterstützten von nun an die polnischen Forderungen mit mehr Nachdruck. Die Truppen des «Königreichs Polen» sollten dem deutschen Oberbefehl unterstellt werden, verweigerten aber überwiegend den Eid; daraufhin wurde Piłsudski verhaftet und in Magdeburg inhaftiert. Anfang November war in Russland ein Staatsstreich der Bolschewiken gegen die bürgerliche Regierung erfolgreich (Oktoberrevolution, nach Julianischem Kalender am 25. Oktober), und Russland schied offiziell aus dem Krieg aus.

Im Februar 1918 schlossen die Mittelmächte einen Separatfrieden mit der Ukraine, in dem das Gebiet um Cholm im Südosten Kongresspolens von Polen abgetrennt und der Ukraine zugesprochen wurde. Einen Monat später bestätigte Russland im Frieden von Brest-Litovsk diesen Frieden und erklärte seinen Verzicht auf Polen. Bereits im Januar hatte Präsident Wilson die Wiederherstellung eines «einigen, unabhängigen und autonomen» Polen mit einem gesicherten Zugang zur Ostsee in seinen «14 Punkten» offiziell als Kriegsziel der USA bekräftigt. Im Sommer schlossen sich auch die Westalliierten Großbritannien, Frankreich und Italien dieser Forderung an.

Während Dmowski in Paris und der Pianist Ignacy Paderewski in Washington den polnischen Forderungen auf diplomatischem Weg Nachdruck verliehen (Paderewski hatte Wilsons Wahlkampf mitfinanziert und stand in engem Kontakt mit dem Präsidenten), sicherten in Polen die loyal zu Piłsudski stehenden Truppen unter General Haller angesichts der Auflösungser-

scheinungen im Heer der Mittelmächte immer stärker die Ordnung im Land. Am 7. Oktober 1918 proklamierte der Regentschaftsrat die Unabhängigkeit Polens und bildete eine polnische
Nationalregierung, dem Anhänger der Nationaldemokratie,
aber auch der noch in Magdeburg inhaftierte Piłsudski angehörten. Nach der Abdankung Kaiser Wilhelms II. am 9. November 1918 reiste Piłsudski mit einem Sonderzug nach Warschau und übernahm am 11. November den Oberbefehl über
die polnischen Streitkräfte. An diesem Datum wird in Polen bis
heute die Wiedergewinnung der Unabhängigkeit gefeiert.

Die II. Republik (1918–1939) und ihr Ende im Zweiten Weltkrieg

Im November 1918 bahnte sich eine grundlegende Neuordnung
der politischen Landkarte in Ostmitteleuropa an. Das Russische
Reich war bereits seit einem Jahr durch den Bürgerkrieg zwischen dem bürgerlichen («weißen») und dem kommunistischen
(«roten») Lager gelähmt, und mit der Kapitulation der Mittelmächte am 9. November zerfielen auch die beiden anderen Imperien, die bislang Ostmitteleuropa beherrscht hatten. Für die
Nationalbewegungen, die schon lange auf das Ziel der Unabhängigkeit hingearbeitet hatten, war jetzt die Zeit gekommen,
um ihren eigenen Staat zu proklamieren. Doch diese Staaten
existierten zunächst nur in der Vorstellung weniger politischer
Führungspersonen, sie hatten noch keine eigenen Institutionen
und kein fest abgegrenztes Staatsterritorium. Allzu häufig überschnitten sich die historisch, ökonomisch oder ethnisch motivierten Gebietsansprüche benachbarter Nationalbewegungen,
so dass das Ende des Weltkrieges noch nicht das Ende der
Kämpfe bedeutete.

Kampf um die Grenzen 1918–1922

In Warschau hatte Józef Piłsudski nach dem Oberbefehl über die polnischen Streitkräfte am 14. November auch die oberste Staatsgewalt übernommen. In Paris leitete Roman Dmowski die polnische Delegation bei den Friedensgesprächen.

Für Dmowski war Polen «überall dort, wo Polen wohnen»; das hieß, dass der neue Staat vor allem in Schlesien und Ostpreußen («Masuren») über die historischen Grenzen hinausgehen sollte. Die französische Regierung unterstützte diese Forderungen, um Deutschland so weit wie möglich politisch und wirtschaftlich zu schwächen, während Großbritannien aus Sorge um die vorgesehenen Reparationsleistungen Deutschlands diesen Plänen sehr skeptisch gegenüberstand. Aufstände in Großpolen und Oberschlesien sollten die polnische Position stützen und bereits vor Ablauf der Verhandlungen vollendete Tatsachen schaffen. Der Friedensvertrag zwischen den Siegermächten und Deutschland vom 10.1.1920 (Versailler Vertrag) sprach Polen einen Teil des früheren Westpreußen (Pommerellen) zu, um den freien Zugang zum Meer zu sichern, wie es schon Wilsons 14-Punkte-Plan vorgesehen hatte. Die Stadt Danzig wurde zur Freien Stadt unter dem Mandat des Völkerbunds erhoben. In Oberschlesien und Masuren setzten die Alliierten Volksabstimmungen durch, in deren Folge der östliche Teil Oberschlesiens Polen zuerkannt wurde. Die neue Republik erhielt damit den wichtigsten Teil des schlesischen Industrieviers mit umfangreichen Kohlevorkommen und einer entwickelten Montanindustrie.

Im Osten versuchte Piłsudski, die neue Republik bis zu den Grenzen von 1771 hin auszudehnen. Polnische Truppen konnten die Rote Armee im Frühsommer 1920 zunächst bis hinter Kiev zurückdrängen, doch dann stießen die sowjetischen Verbände in einer Gegenoffensive bis an die Weichsel vor. In dieser Lage schalteten sich auf Bitten der polnischen Regierung die Alliierten ein und schlugen Verhandlungen auf der Grundlage «ethnischer Grenzen» vor. Bei Polen sollten lediglich die Gebiete mit gesicherter polnischer Bevölkerungsmehrheit verbleiben (westlich der sog. «Curzon-Linie»). Doch die Rote Armee war nicht zu einem Waffenstillstand zu bewegen, denn sie sollte sich mit den kommunistischen Aufständischen in Deutschland vereinigen und so die Revolution in Europa verankern.

Als die Sowjetarmee bereits kurz vor Warschau stand, gelang es der polnischen Abwehr, die Nachrichtenchiffren der Roten Armee zu entschlüsseln. Über die Planungen und Schwächen des Gegners informiert, konnte Piłsudski erfolgreich die Verteidigung Warschaus organisieren («Wunder an der Weichsel», 15.8.1920) und danach die Sowjettruppen wieder weit nach Osten zurückdrängen. Im Frieden von Riga (März 1921) einigten sich Polen und Sowjetrussland auf eine Grenzziehung entsprechend dem militärischen Frontverlauf. Der östliche Teil des weißrussischen und ukrainischen Siedlungsgebiets verblieb damit außerhalb des polnischen Staatsverbands.

Die Grenzen der neuen Republik waren jetzt gesichert, doch konkurrierende Ansprüche auf das Erbe der untergegangenen Imperien hatten auf allen Seiten erhebliches Konfliktpotential hinterlassen – mit Deutschland um Schlesien sowie Pommerellen/Westpreußen (den sog. «Korridor»), mit Litauen um das Wilnagebiet, mit der Tschechoslowakei um Teschen, und in der 1922 errichteten Sowjetunion drangen die Weißrussische und die Ukrainische Sowjetrepublik auf «Befreiung» der westlichen Landesteile vom «Joch der polnischen Pane». In diesen, über Jahrhunderte gewachsenen sprachlich-kulturellen Mischgebieten ließen sich keine klaren «ethnischen» Grenzen ziehen. Historische Ansprüche wie die litauischen auf die alte Hauptstadt des Großfürstentums, Wilna (die nun ganz überwiegend von polnischer Bevölkerung bewohnt war), verschärften die Konfrontation zusätzlich. Ein besonderes Problem stellten die ukrainischen Gebiete dar; dort hatte sich am Ende des Ersten Weltkriegs deutlich der Wille zu einer eigenständigen Staatsgründung manifestiert, doch die Ambitionen der polnischen und sowjetrussischen Nachbarn ließen diese Bestrebungen zunichte werden.

Zusammenwachsen zum gemeinsamen Staat

Nach dem Abschluss der Grenzkämpfe und der Volksabstimmungen im Jahre 1922 umfasste die Republik Polen ein Gebiet von 388 600 km² mit einer Bevölkerung von 27,2 Mio. Menschen (1921); diese Zahl wuchs bis 1938 auf ca. 34,5 Mio. Wie die meisten der nach dem Ersten Weltkrieg neu entstandenen Staaten besaß auch Polen keine ethnisch homogene Bevölkerung. Für die gesamte Republik lassen sich auf der Grundlage der Bevölkerungszählungen von 1921 und 1931 ungefähr folgende Proportionen ermitteln: Polen stellten ca. 65 % der Gesamtbevölkerung (die offiziellen Angaben von ca. 69 % gelten als überhöht), gefolgt von Ukrainern mit ca. 16 %, Juden (ca. 10 %), Weißrussen (ca. 6 %) und Deutschen (1921 noch ca. 4 %, bis 1931 fiel ihr Anteil auf ca. 2 %). Andere Bevölkerungsgruppen, darunter Litauer und Tschechen, stellten zusammen nicht mehr als 1 % der Gesamtbevölkerung.

Hinter diesen Zahlen verbergen sich große regionale Unterschiede. In den westlichen und zentralen Wojewodschaften stellten Polen in der Regel mehr als drei Viertel der Bevölkerung, während ihr Anteil im Osten entweder kaum über 50 % oder zum Teil auch deutlich weniger betrug: In den Wojewodschaften Wolhynien und Stanisławów zählten die Ukrainer fast 70 % der Einwohner, weiter nördlich in Polesien bezeichneten sich 1931 über 60 % als «Hiesige» und verweigerten somit eine Einordnung nach nationalen Kategorien. Gerade in den östlichen Landesteilen zeigte sich immer wieder, wie wenig gefestigt «ethnische» oder «nationale» Zuschreibungen waren; selbst innerhalb derselben Familie waren zum Teil unterschiedliche Aussagen zur nationalen Zugehörigkeit zu finden.

In Bezug auf die jüdische Bevölkerung sind die auf den Gesamtstaat umgerechneten Prozentzahlen ebenfalls wenig aussagekräftig. In den Städten lag ihr Bevölkerungsanteil mit ca. 25 % im Durchschnitt knapp zehnmal so hoch wie auf dem Land (2,6 %); in Warschau betrug er fast 30 %, in den meisten Städten und Städtchen im Osten zumindest 50 %, zum Teil auch 80 % und mehr. Einzig in den westlichen Landesteilen (Pommerellen, Großpolen, Schlesien) bildeten sie, als Folge der preußischen Politik im 19. Jahrhundert, nur eine sehr kleine Minderheit (weniger als 1 %). Hier wiederum (zusammen mit der Stadt Lodz und ihrem Umland) lag das Hauptsiedlungsgebiet der deutschen Minderheit; die Deutschen stellten dort jeweils zwischen 7 und 10 % der Einwohnerschaft.

Innerhalb des Landes existierten deutliche Entwicklungsunterschiede. Die westlichen Landesteile waren dichter urbanisiert, während die östlichen Wojewodschaften von agrarisch strukturierten Kleinstädten geprägt waren. Insgesamt lebten nur ein Viertel der Bevölkerung in den Städten und drei Viertel auf dem Land. Die Industriezentren konzentrierten sich im Westen und in der Mitte der Republik (Oberschlesien, Lodzer Textilregion, Warschau). Agrarisch geprägt waren sowohl Großpolen und Pommerellen als auch die östlichen Landesteile, doch während die Landwirtschaft im Westen hoch entwickelt war und in großem Umfang für den Markt produzierte, dominierten in den östlichen Wojewodschaften bäuerliche Subsistenzwirtschaften neben riesigen, aber wenig effizienten Latifundien, auf denen sich vormoderne Produktions- und Gesellschaftsstrukturen noch erhalten hatten.

Vor der Unabhängigkeit waren die verschiedenen Teile Polens in die Wirtschaftsverbände der Teilungsmächte integriert gewesen; ihre Märkte hatten sich stärker auf Berlin, Wien und St. Petersburg ausgerichtet als auf die polnischen Zentren im jeweils anderen Teilungsgebiet. Während die Märkte im Osten durch die russische Revolution vollständig zusammengebrochen waren, blieben die alten Kontakte für die Unternehmen in den ehemals österreichischen und preußischen Landesteilen noch lange Zeit wichtiger als der neu entstehende polnische Binnenmarkt. Auch ein großer Teil der Importe aus Drittländern gelangte über Deutschland nach Polen. Mit dem «Zollkrieg» (1925) versuchte Berlin, diese Abhängigkeit zu nutzen, um seine Revisionsansprüche doch noch durchzusetzen.

Neben der Verwundbarkeit des Außenhandels gehörte das Entwicklungsgefälle zwischen den westlichen und zentralen («Polen-A») und den östlichen Landesteilen («Polen-B») zu den drängendsten Problemen des neuen Staates. Eine nur in Ansätzen durchgeführte Landreform konnte die Verarmung der bäuerlichen Bevölkerung nicht wirklich lösen, da die aufgeteilten Güter zum Teil bevorzugt an Kolonisten polnischer Nationalität vergeben wurden. Eine Ansiedlung moderner Industrien scheiterte am geringen Alphabetisierungsgrad in diesen Regionen, in denen die russische Verwaltung nach 1864 das Schulwesen systematisch vernachlässigt hatte.

Auch das politische Leben war von den sehr unterschiedlichen Rahmenbedingungen in den Teilungsimperien geprägt worden. Gerade die jungen Massenbewegungen, wie die Sozialisten, die Nationaldemokraten oder die Bauernparteien, hatten ihre Arbeit zunächst in der Konspiration aufgenommen und waren erst zu Beginn des 20. Jahrhunderts offen tätig geworden. Sie waren daher stark regional verwurzelt und landesweit nicht so sehr durch ihre Programme wie durch ihre Führungspersönlichkeiten präsent; vor allem Józef Piłsudski, Roman Dmowski und Wincenty Witos waren überregional als Integrationsfiguren anerkannt.

Bereits im Januar 1919 fanden in allen bis dahin unabhängigen Gebieten Wahlen zum verfassungsgebenden Parlament (Sejm) statt, im Februar wurden die Kompetenzen von Parlament, Regierung und «Staatschef» in einer «kleinen Verfassung» niedergelegt. Piłsudski leitete als Staatschef» die militärischen Operationen und gewann durch seine persönliche Autorität Einfluss auf die Regierungspolitik.

Im Sejm existierten keine klaren Mehrheiten für eine der politischen Hauptrichtungen. Mehrere Koalitionsregierungen und ein Allparteienkabinett versuchten, die drängenden inneren Probleme des Landes in Griff zu bekommen. In der Verfassung vom Mai 1921 wurden die Befugnisse des Staatsoberhaupts zugunsten der Parlamentsrechte stark beschnitten. Piłsudski zog sich daraufhin offiziell aus der Politik zurück, blieb aber weiterhin die Integrationsfigur für weite Teile der Sozialisten, das Militär und andere Befürworter einer Regierung der «starken Hand».

Die Kriegswirtschaft hatte zunächst Nachfrage geschaffen und den Unternehmern geholfen, den Zusammenbruch ihrer

Absatzmärkte jenseits der neuen Staatsgrenzen zu verkraften. Der Aufbau der polnischen Finanz- und Steuerverwaltung stand aber noch in den Anfängen, das Steueraufkommen blieb hinter den Ausgaben zurück, und ausländische Kredite waren wegen der unsicheren Lage während der Kriegszeit nicht in ausreichender Höhe zu bekommen. In dieser Lage sah sich die Regierung gezwungen, ihre Zahlungsverpflichtungen durch den Druck weiterer Banknoten zu finanzieren. Immer schneller schritt nun die Geldentwertung voran, bis 1923 die Wirtschaft unter der Hyperinflation zusammenbrach.

An der Jahreswende 1923/24 gelang es der Regierung unter Ministerpräsident Władysław Grabski, die Inflation zu überwinden und die neue Währung (1 Złoty entsprachen 1,8 Mio. Polnische Mark) zu stabilisieren, doch der erforderliche Sparkurs rief große Unzufriedenheit unter der Bevölkerung hervor. Innerhalb von zwei Jahren traten zwei Regierungen zurück. Im Zeichen der politischen Krise kehrte Piłsudski mit harscher Kritik an der «Sejmokratie» in die Öffentlichkeit zurück und führte zusammen mit ergebenen Offizieren im Mai 1926 einen Staatsstreich durch. Ein Kabinett aus Vertrauten Piłsudskis regierte in den folgenden Jahren auf der Basis von Dekreten von Staatspräsident Ignacy Mościcki (1926–1939), der ebenfalls Piłsudskis Vertrauen genoss. Das Parlament blieb lediglich als Verfassungsorgan bestehen. Zwischen 1926 und 1929 konnte das Regierungslager, das sich die «Gesundung» (*sanacja*) des Staates zum Ziel gesetzt hatte, von der allgemeinen wirtschaftlichen Erholung profitieren, doch die Weltwirtschaftskrise traf es unvorbereitet. Daraufhin ließ es bei den Wahlen 1930 Oppositionspolitiker verhaften und Wahlergebnisse manipulieren, um eine Mehrheit für ihren «Unparteilichen Block für die Zusammenarbeit mit der Regierung» (BBWR) zu sichern und seine Macht zu erhalten.

Das von Piłsudski geführte «Sanacja»-Lager verfügte nun über die absolute Mehrheit im Sejm und drängte systematisch demokratische Prozeduren zugunsten autoritärer Entscheidungswege zurück. Obwohl seine Politik von der wichtigsten Oppositionspartei, den Nationaldemokraten, heftig kritisiert wurde, näherten sich beide Lager in ihrem Staatsverständnis zusehends aneinander an. Nach Piłsudskis Tod 1935 verließen seine Nachfolger dessen Kurs eines unbedingten Staatspatriotismus, der auch ein gewisses Integrationsangebot an die Minderheiten enthalten hatte, zugunsten eines polnischen Nationalpatriotismus. Dieser zeigte sich zunehmend ungeduldiger gegenüber den slawischen Minderheiten, von denen Assimilation an das Polentum verlangt wurde, und aggressiv ausgrenzend gegenüber den Juden.

Nation und Nationalitäten

In Artikel 2 legte die polnische Verfassung von 1921 fest: «Die oberste Gewalt in der Republik geht von der Nation aus.» Über die Frage jedoch, was die Nation in Polen eigentlich ausmache, gab es in den führenden politischen Gruppierungen des Landes unterschiedliche Vorstellungen. Die Sozialisten und Piłsudskis Anhänger sahen die Nation als Staatsvolk, das im Prinzip aus allen Staatsbürgern bestand, die loyal zum Staat, also zur Polnischen Republik standen. In der Nationaldemokratie, unter den Anhängern von Roman Dmowski, herrschte hingegen eine ethnische Definition von Nation vor. Dem Willen der polnischen staatstragenden Mehrheit hatten sich die nationalen oder religiösen Minderheiten unterzuordnen.

Eng mit diesem Problem verknüpft war die Frage, wer denn eigentlich als Pole anzusehen sei. Die Antwort darauf erschien im Alltag der jungen Republik nicht so eindeutig, wie die Anführer der Nationalbewegung dies in ihren Schriften darzustellen pflegten. Waren Kontakte zwischen den Teilungsgebieten vor der Unabhängigkeit vergleichsweise selten und eher auf die Eliten beschränkt gewesen, so entwickelte sich der Austausch jetzt viel intensiver. Dabei wurden kulturelle Unterschiede offenbar, die zuvor kaum Beachtung gefunden hatten. So ließ sich auch bei polnischen Muttersprachlern die Herkunft oft bereits an der Sprechweise feststellen: Das von zahlreichen Germanismen durchsetzte Polnisch der Posener kontrastierte deutlich mit der «singenden», vom Ostslawischen beeinflussten Sprache im

Osten des Landes; häufig kritisiert wurde auch der «galizische» Beamtenjargon. Im Alltag trennten unterschiedliche Konsumgewohnheiten die ehemaligen Teilungsgebiete: Im ehemaligen Galizien trank man zum Frühstück bevorzugt Bohnenkaffee, in Kongresspolen hingegen Tee, und im Posenschen hatte sich Malzkaffee nicht nur als Getränk für die ärmere Bevölkerung durchgesetzt. Die Erfahrung solcher Differenzen führte gerade in den Teilen der Bevölkerung, für welche die Nation einen hohen Wert darstellte, zu erheblichen Unsicherheiten.

Andererseits ließ sich an derlei alltäglichen Unterschieden auch das allmähliche Zusammenwachsen der Gesellschaft ablesen. In der Sprache sorgten überregionale Zeitungen und seit den 30er Jahren besonders das Radio dafür, dass sich eine überregionale einheitliche Hochsprache durchsetzte; im Konsumverhalten überlagerte die soziale Schichtung regionale Gewohnheiten – in ganz Polen wurde Bohnenkaffee zu einem «städtischen Modegetränk» (besonders in der Intelligenz), während der billige Malzkaffee auf dem Land Verbreitung fand und in den östlichen Gebieten auch den Tee zurückdrängte.

Ein Erbe der Teilungszeit bestand ebenfalls in der engen Verbindung zwischen der katholischen Kirche und der polnischen Nationalbewegung. In Predigten und Publikationen wurde immer wieder die Identität von Polentum und Katholizismus hervorgehoben, obwohl z. B. auch ca. 20 % der weißrussischen Bevölkerung katholisch waren, und ein Viertel der in Polen lebenden Protestanten als Nationalität bzw. als Muttersprache Polnisch angaben. Die katholische Kirche betonte die Gegensätze zu den anderen Bekenntnissen und bediente sich gerade in Massenpublikationen für die Jugend oder für ein ländliches Publikum häufig einer überzeichnenden Schwarz-Weiß-Argumentation. Dabei waren die Angriffe auf den Protestantismus und die Orthodoxie in den 20er Jahren noch vorwiegend als Echo auf antikatholische Polemiken der Teilungszeit zu erkennen. Seit der Weltwirtschaftskrise rückten dann zunehmend antisemitische Tendenzen in den Vordergrund, deren ökonomische und rassistische Argumentationsmuster sich an die Propaganda der radikalen Nationalisten anlehnten.

Das Verhältnis zu den Minderheiten war eines der schwierigsten Probleme, welche die Republik von Anfang an belasteten. Ein großer Teil der Minderheiten fand sich nach 1918 gegen den eigenen Willen im polnischen Staat wieder. Dass Deutsche, Litauer, Weißrussen und Ukrainer jenseits der Grenzen Unterstützung suchen konnten, wurde von fast allen polnischen Regierungen als existenzielle Bedrohung aufgefasst. Polen hatte sich im sog. «kleinen Versailler Vertrag» zum Schutz der Minderheiten verpflichtet, doch zu keiner Zeit eine konsequente Minderheitenpolitik entwickelt.

Die zahlreichen Regierungswechsel bis 1926 führten in dieser Frage zu einer regelrechten Schaukelpolitik. Der verfassunggebende Sejm verankerte in der Konstitution von 1921 den Grundsatz, dass jeder Staatsbürger das Recht habe, «seine Nationalität zu erhalten sowie seine Sprache und die nationalen Eigenheiten zu pflegen». In der Praxis jedoch setzte die Verwaltung zahlreiche Maßnahmen durch, die auf eine Polonisierung der Minderheiten gerichtet waren. In den Ostgebieten wurden die weißrussischen und ukrainischen Schulen Zug um Zug in zweisprachige Schulen umgewandelt und der Unterricht in den nichtpolnischen Sprachen eingeschränkt. Das Kolonisationsprogramm, das die Ansiedlung ehemaliger Soldaten auf parzelliertem Großgrundbesitz vorsah, bevorzugte polnische Siedler im weißrussisch-ukrainischen Siedlungsgebiet. Die ansässige Bevölkerung sah sich um die Hoffnung auf Landzuteilungen betrogen und verhielt sich den neuen Siedlern gegenüber oft feindselig.

Die wirtschaftlichen Probleme der Weltwirtschaftskrise verschärften die nationalen Antagonismen weiter. Im Jahre 1930 durchzog eine Welle von Terroranschlägen ukrainischer Nationalisten die südöstlichen Wojewodschaften; die Regierung antwortete mit «Pazifikationen», wahllosen Vergeltungsaktionen gegen ukrainische Dörfer, bei denen Häuser und Geschäft zerstört sowie durch spontan auferlegte «Kontributionen» geplündert wurden.

Die Juden galten nach dem Minderheitenschutzabkommen von 1923 nicht als nationale Minderheit, sondern lediglich als Konfessionsgruppe. Während Piłsudski und die Sozialisten ihre

Gleichberechtigung befürworteten und im Parlament häufig mit jüdischen Parteien kooperierten, sahen die Nationaldemokraten in ihnen den «Hauptfeind». Der Antisemitismus der Dmowski-Anhänger erwuchs zunächst aus ökonomischen Wurzeln, denn das Kleinbürgertum bildete die wichtigste Wählerschicht der Nationaldemokratie. Später, vor allem in den 30er Jahren, nahm er verstärkt auch Elemente der kirchlichen Judenfeindschaft in sich auf. Die Gleichung «Pole = Katholik» diente als Begründung, die Juden gänzlich aus der Gesellschaft auszugrenzen. Im Zeichen der Weltwirtschaftskrise häuften sich antisemitische Übergriffe; radikale Nationalisten organisierten Boykotte jüdischer Geschäfte und richteten «Bankghettos» in den Hörsälen der Universitäten ein. Auch in Regierungskreisen wuchs die Akzeptanz für antisemitische Losungen. Offen wurde die Auswanderung als Mittel zur «Lösung der Judenfrage» empfohlen; bei antijüdischen Ausschreitungen war die Regierung immer weniger bereit, gegen die «polnischen» Gewalttäter vorzugehen, um die «jüdischen» Opfer zu schützen. Erst die Eskalation der Gewalt gegen Juden in Deutschland, mit der Deportation von ca. 17 000 Juden in der sog. «Polenaktion» im Oktober und dem groß angelegten Judenpogrom («Reichskristallnacht») am 9. November 1938, die in der gesamten polnischen Öffentlichkeit Empörung hervorrief, ließ die Größe der Bedrohung durch das nationalsozialistische Deutschland deutlich werden. Daraufhin ging die antisemitische Propaganda in den letzten Monaten vor dem Ausbruch des Zweiten Weltkriegs ein wenig zurück.

Polens Platz in Europa –
Außenpolitik zwischen den Kriegen

Die polnische Diplomatie bemühte sich, den neuen Staat außenpolitisch durch eine enge Anlehnung an Frankreich zu stabilisieren. In Paris war man durchaus interessiert, über Bündnisse mit den neuen Staaten in Ostmittel- und Südosteuropa einen «cordon sanitaire» zwischen Deutschland und der Sowjetunion zu schaffen, war aber nicht wirklich bereit, offensiv für polnische Interessen in der Region einzutreten. Als 1922 Deutschland und die Sowjetunion das Abkommen von Rapallo schlossen, intervenierten Frankreich und die übrigen Siegermächte nicht. Und als die Westmächte 1925 in Locarno mit Deutschland über Garantien für seine Grenzen zu Frankreich, Belgien und den Niederlanden verhandelten, blieben die Grenzen zu Polen und der Tschechoslowakei ausgespart. Die deutsche Regierung beharrte vor allem auf dem Revisionsanspruch gegenüber Polen, und es war offensichtlich, dass die Westmächte Deutschland nicht zu einer vertraglichen Garantie der polnischen Westgrenze drängen würden.

Zu Beginn der 30er Jahre versuchte Piłsudski, Polen zu einer regionalen Führungsmacht unter den neuen Staaten zwischen Ostsee und Schwarzem Meer aufzubauen («Intermarium»). Als Leitlinie der polnischen Außenpolitik galt nun die Äquidistanz zwischen Deutschland und Sowjetunion. Die Warschauer Regierung sah sich in ihrer Mächtepolitik bestätigt, als Berlin nach der Machtergreifung Hitlers in Deutschland einen Nichtangriffspakt mit Polen schloss (1934). Im betonten Antikommunismus der Nationalsozialisten sah man Ansätze für politische Gemeinsamkeiten, zumal die Sowjetunion in jener Zeit durch die Kollektivierung und die (bald darauf einsetzenden) Säuberungen geschwächt schien.

Trotz der spürbaren Annäherung an Deutschland beobachtete man in Warschau das Rüstungsprogramm der Nationalsozialisten mit Sorge. In den nächsten Jahren brach Deutschland Stück für Stück mit den Auflagen des Versailler Vertrages. Es war klar, dass auch die Forderungen nach Grenzrevision bald wieder auf der politischen Tagesordnung stehen würden. Als die deutsche Regierung dann begann, Annexionsforderungen zu stellen, versuchten sowohl die polnische als auch die tschechoslowakische Regierung zunächst, die deutsche Aufmerksamkeit jeweils auf den Nachbarn zu lenken. Polen protestierte nicht gegen den «Anschluss» Österreichs, und nach der Besetzung des Sudetengebiets durch Deutschland annektierte es im Oktober 1938 Tschechisch-Schlesien.

Doch bereits kurz darauf sah sich Warschau selbst mit deutschen Forderungen nach Rückgliederung Danzigs und Neuregelung des «Korridor-Problems» konfrontiert. Vor dem Hintergrund der tschechoslowakischen Erfahrungen lehnte der polnische Außenminister jegliche Zugeständnisse ab. Auch die Westmächte waren sich bewusst geworden, dass ihre bisherige «Appeasement-Politik» gescheitert war. Im März 1939 gab die britische Regierung eine Garantieerklärung für die polnische Westgrenze ab. Die Sowjetunion hatte noch Anfang Mai 1939 erklärt, im Falle eines Konflikts zwischen Deutschland und Polen eine «wohlwollende Haltung» gegenüber Polen einzunehmen, ließ aber jetzt Verhandlungen mit England und Frankreich über Sicherheitsgarantien ins Leere laufen.

Deutschland drängte nun unverhohlen zum Krieg. Am 28. April kündigte es den Nichtangriffspakt, am 15. Juni erhielt Hitler vom Oberbefehlshaber des Heeres den Invasionsplan gegen Polen, und am 15. August begann die Mobilmachung. Begleitet wurden die militärischen Vorbereitungen durch einen massiven Propagandafeldzug und durch Verhandlungen mit der Sowjetunion. In Moskau unterzeichneten die Außenminister beider Staaten am 23.8.1939 den sog. «Hitler-Stalin-Pakt» mit einem geheimen Zusatzprotokoll, in dem beide Seiten die Aufteilung Polens und den Verlauf der künftigen gemeinsamen Grenzen in Osteuropa festlegten.

Vernichtungskrieg und Besatzungsregime 1939–1945

Am 1. September 1939 überfielen die deutschen Truppen Polen. Die Wehrmacht rückte von Norden (Ostpreußen), Westen (Pommern/Schlesien) und Süden (über die Slowakei) vor, die Luftwaffe begleitete den Vormarsch mit Terrorbombardements auf die Zivilbevölkerung (Wieluń 1.9., Warschau 4.–6.9.1939). Großbritannien und Frankreich als Verbündete Polens erklärten dem Deutschen Reich am 3. September den Krieg, griffen aber nicht aktiv in die Kämpfe ein.

Die deutschen Verbände rückten in schnellem Vormarsch nach Osten vor. Als sich am 16.9. die deutschen Armeen von Norden und Südwesten vereinigten und die polnischen Haupt-

streitkräfte bei Kutno eingekesselt waren, marschierten sowjetische Truppen in Ostpolen ein. Am 17.9. trat die Regierung auf
rumänisches Gebiet über und wurde dort interniert. Zehn Tage
später kapitulierte die Hauptstadt Warschau; der polnische
Staatspräsident übertrug daraufhin die Amtsgeschäfte an die
sich formierende Exilregierung in Frankreich.

Der Septemberfeldzug war von Anfang an als Vernichtungs-
feldzug angelegt, um nach dem militärischen Sieg jeglichen Widerstand unmöglich zu machen. Dazu dienten die Terrorbombardements, aber auch Erschießungen von Zivilisten als «po-
tentielle Partisanen» – ohne konkrete Verdachtsmomente und
unter bewusster Missachtung der Haager Landkriegsordnung.
Gestützt auf einzelne polnische Übergriffe gegen Deutsche zu
Beginn des Krieges (sog. «Bromberger Blutsonntag») schürte
die NS-Propaganda unter den deutschen Soldaten bewusst eine
Partisanenpsychose, die jegliche Gewaltakte als «vorauseilende
Vergeltung» erscheinen lassen sollte.

Die NS-Besatzung gliederte einen Teil des polnischen Staats-
gebiets in das Deutsche Reich ein, der in kürzester Zeit germanisiert werden sollte. Dabei blieb sie nicht bei den Grenzen von
1914 stehen, sondern bezog auch wirtschaftlich wichtige Gebiete Zentralpolens ein. Der Rest des besetzten Territoriums bildete
das sog. «Generalgouvernement», das als «Reservoir für billige
polnische Arbeitskräfte» dienen sollte. Erklärtes Ziel der Besat-
zungsmacht war die Vernichtung der polnischen Nation. Angehörige der Intelligenz wurden ermordet, die übrige Bevölkerung
sollte durch gezielten Terror gefügig gemacht werden. Bereits
Ende 1939 begannen die Deutschen, die Polen in den eingegliederten Gebieten in großem Umfang (über 1 Mio. Menschen) in
das Generalgouvernement zu vertreiben; die verbleibende Bevölkerung wurde zu Zwangsarbeit verpflichtet und dazu zum Teil
ins Reich deportiert. An ihre Stelle traten sog. «Volksdeutsche» –
aus Polen, dem Baltikum oder Osteuropa (ca. 400 000), die man
im Rahmen der nationalsozialistischen «Umvolkungspolitik» in
den eingegliederten Gebieten ansiedelte.

Sie übernahmen zum Teil Unternehmen oder Landwirtschaftsbetriebe, deren polnische oder jüdische Besitzer enteignet wor-

den waren. So versuchte die Verwaltung, die Kontrolle über die Produktionsstätten zu sichern. An Handel und Handwerk war sie hingegen wenig interessiert, da diese in erster Linie der Versorgung der polnischen Bevölkerung dienten. Betriebe in jüdischer Hand wurden ersatzlos geschlossen; Betriebe in deutschem Besitz waren zumeist für die nichtdeutsche Bevölkerung gesperrt. Hohe Ablieferungsquoten beließen nur das Überlebensnotwendige in den besetzten Gebieten; die Lebensmittelrationen für die Polen lagen an der Hungergrenze, für die Juden noch weit darunter.

Im gesamten Besatzungsgebiet wurden die polnischen Schulen und Universitäten geschlossen oder germanisiert, Bibliotheken beschlagnahmt oder zerstört und die Presse zum Sprachrohr der Besatzer umfunktioniert. Ein polnisches Schulwesen war nur noch auf elementarer Ebene zugelassen, in der Öffentlichkeit wurde der Gebrauch der polnischen Sprache durch zahlreiche Verbote eingeschränkt.

In der neuen Bevölkerungshierarchie standen die aus dem Deutschen Reich kommenden Soldaten und Beamten an erster Stelle. Danach kamen die «Volksdeutschen» – polnische Staatsbürger, die sich «zum Deutschtum bekannten»; die Ukrainer im Generalgouvernement wurden zunächst als mögliche Verbündete eingestuft und standen damit über den Polen. An letzter Stelle standen die vollkommen rechtlosen Juden.

Die deutschen Besatzer nutzten diese Abstufungen, um die einzelnen Bevölkerungsgruppen gegeneinander auszuspielen. Bereits im September 1939 wurden Volksdeutsche ermutigt, gegen Polen und Juden vorzugehen und sich z. B. deren Besitz anzueignen; für (selbst vermeintlichen) Widerstand wurden demonstrative «Vergeltungsaktionen» organisiert. Im Sommer 1941, kurz nach dem Einmarsch der Deutschen in das zuvor sowjetisch besetzte Ostpolen, kam es zu zahlreichen Pogromen gegen Juden, verübt von ihren polnischen und ukrainischen Nachbarn. Die Morde in Jedwabne und anderen Orten waren möglich, weil die Bevölkerung dort wusste, dass sie von den Deutschen nicht für ihre Verbrechen zur Rechenschaft gezogen werden würde. Zwei Jahre später riefen ukrainische Nationa-

listen in Wolhynien dazu auf, die dortige polnische Bevölkerung
restlos zu vertreiben oder zu ermorden, um das Gebiet «ethnisch zu säubern». Dieser Krieg «Aller gegen Alle» musste von
den Besatzern nicht in jedem Einzelfall angestachelt werden – er
lag in der Logik des Vernichtungskriegs, den die Deutschen im
Osten Europas führten.

Terror, Massenerschießungen und Deportationen wurden
aber auch im 1939 bis 1941 sowjetisch besetzten Ostpolen eingesetzt, um die Gesellschaft nach sowjetischem Vorbild umzu-
gestalten. Der Terror richtete sich gegen sämtliche Bevölkerungsgruppen, allerdings wurden in der Agitation gegen die
«polnischen Pane» auch bewusst nationale Antagonismen ge-
schürt. Im Frühjahr 1940 ließ die Sowjetführung über 14 000
kriegsgefangene polnische Offiziere im Wald bei Katyń und
weitere an anderen Orten ermorden.

Der Völkermord an den Juden

In den ersten Wochen der deutschen Besatzung waren die Juden
noch nicht das Ziel von organisiertem Terror, aber es war bereits deutlich, dass sie jeglichen Rechtsschutz verloren hatten.
Sie wurden Opfer ungestrafter Ausschreitungen aller Art, von
persönlichen Übergriffen (wie dem öffentlichen Abschneiden
von Bärten oder Stirnlocken) über Plünderungen bis zu Vertreibung und Ermordung. In einer ersten Massenflucht versuchten
ca. 300 000 Juden ins sowjetisch besetzte Ostpolen zu gelangen,
ca. 1,8 Mio. verblieben weiterhin unter deutscher Herrschaft.

Ab 1940 wurden die Juden dann systematisch verfolgt. In
Warschau und Lodz («Litzmannstadt») entstanden die ersten
Ghettos, mit Mauern umgeben und von Polizei streng bewacht;
bis 1942 gab es sie in fast allen größeren Städten. Die Lebensmittelrationen waren so gering bemessen (180 bis 230 Kalorien
täglich, weniger als ein Zehntel dessen, was zur selben Zeit
einem Deutschen zustand), dass allein im Warschauer Ghetto
jeden Tag Tausende an Hunger und Entkräftung starben. Überleben konnte nur, wer über den Schwarzmarkt oder andere
Außenkontakte Zugang zu Lebensmitteln erhielt. Kinder kro-

chen durch Lücken im Stacheldraht, Zwangsarbeiter bei Arbeitseinsätzen außerhalb des Ghettos oder Polen mit Passierscheinen versteckten Lebensmittel unter der Kleidung. Wer beim Schmuggeln erwischt wurde, wurde sofort erschossen. Die Besatzer hatten in den Ghettos die Fiktion einer Selbstverwaltung eingerichtet, die sog. Judenräte. Diese sollten lediglich die Befehle der NS-Führung umsetzen und dabei «eigenständig» die Ghettobewohner z. B. zu Arbeitseinsätzen einteilen. Die Judenräte bemühten sich, möglichst vielen Menschen im Ghetto das Überleben bis zur herbeigesehnten Niederlage der Deutschen zu ermöglichen. Dabei verlangten die Besatzer immer neue, immer unerträglichere Zugeständnisse, bis hin zur Selektion von Opfern für den Abtransport in die Vernichtungslager.

Nach dem Angriff auf die Sowjetunion im Juni 1941 begannen die Deutschen mit Massentötungen, Ende 1941 wurde in Kulmhof im Wartheland (Chełmno) das erste Vernichtungslager eingerichtet, bald darauf Bełżec, Sobibor und Treblinka im Generalgouvernement. Daneben wurden bisherige Arbeitslager zu Vernichtungslagern ausgebaut – das größte davon war das Lager Auschwitz, im dem allein über eine Million Juden den Tod fand.

Der Massenmord an Juden rüttelte den polnischen Untergrund auf. Über die Parteigrenzen hinweg wuchs das Bewusstsein, den Juden helfen zu müssen (einzig einige radikalnationalistische und antisemitische Gruppierungen hielten sich abseits). So entstand im zweiten Halbjahr 1942 der «Rat zur Hilfe für die Juden» (Kryptonym *«Żegota»*), der Juden v. a. half, aus dem Ghetto zu fliehen und auf der «arischen Seite» mit neuen Papieren zu überleben. Dies war äußerst gefährlich – für die Juden selbst und für die Nichtjuden; auch wer bei der Flucht half, Juden versteckte oder mit Lebensmitteln versorgte, dem drohte die Todesstrafe. Dennoch gab es immer wieder Menschen auf der «arischen Seite», die dieses Risiko auf sich nahmen.

Ab 1942 wurde ein Ghetto nach dem anderen aufgelöst. Im Bewusstsein, dass weiteres Abwarten keine Rettung bringen würde, entschlossen sich die Angehörigen der «jüdischen Kampforganisation» im Warschauer Ghetto im April 1943 zum Aufstand gegen die deutschen Besatzer. Sie hatten von polnischen Untergrundorganisationen einige Waffen erhalten und wollten ein Zeichen setzen, dass die Juden wenigstens nicht widerstandslos in den Tod gingen. Ihr Mut inspirierte auch die Bewohner anderer Ghettos, sich ebenfalls gegen den Abtransport in die Todeslager zur Wehr zu setzen, bevor sie, wie die Warschauer Kämpfer auch, von der militärischen Übermacht überwältigt wurden.

Die Nachricht von der industriellen Ermordung der polnischen und europäischen Juden erreichte auch die polnische Exilregierung in London. Sie ließ der «Żegota» Mittel für ihre Hilfstätigkeit zukommen, vermochte es aber nicht, die Alliierten zu direkten Aktionen zu bewegen, um den Völkermord zu stoppen.

Selbstbehauptung der Nation.
Ziviler und militärischer Widerstand

Nach der Eroberung Warschaus am 27. September 1939 hatte die deutsche (und kurz darauf auch die sowjetische) Staatsführung einseitig den polnischen Staat für erloschen erklärt. Die polnische Regierung war aber nicht bereit zu kapitulieren. Der Kampf um die Existenz Polens wurde aus dem Exil ebenso fortgeführt wie im Lande selbst. Um ihren Kampfeswillen zu unterstrichen, ließ die Exilregierung in Paris unter General Władysław Sikorski, polnische Verbände in Westeuropa aufstellen, die an der Seite der Alliierten kämpften.

Auf Initiative der Exilregierung schlossen sich die Widerstandsgruppen im besetzten Polen 1942 zur sog. «Heimatarmee» (*Armia Krajowa* – AK) zusammen. Außerhalb der Strukturen der AK blieb jedoch die kommunistische «Volksgarde» (*Gwardia Ludowa*, ab 1944 – *Armia Ludowa*). Die Kontakte zum nichtmilitärischen Untergrund koordinierte die «Vertretung der Regierung für das Inland» (*Delegatura Rządu na Kraj*). Angesichts der systematischen Verfolgung der polnischen Intelligenz und der katastrophalen Folgen der NS-Schulpolitik im besetzten Polen unterstützte sie den Aufbau eines Netzes von Untergrundschulen auf allen Ebenen sowie von Untergrunduniversitäten in Warschau, Krakau, Lemberg und Wilna. So konnten selbst unter den Bedingungen der deutschen Besatzungsherrschaft über 6000 junge Menschen studieren (immerhin ca. 13% des Vorkriegs-standes). Gegen Kollaborateure und Kriminelle, die der polni-schen Sache schadeten, gab es Untergrundgerichte und Vollzugs-organe, die teilweise auch Todesurteile vollstreckten.

Anfang 1943, als die deutschen Truppen bei Stalingrad kapi-tuliert hatten, wurde deutlich, dass der Krieg in eine neue Phase getreten war. Die Rote Armee rückte langsam, aber unaufhalt-bar nach Westen vor, und es war klar, dass Polen nicht von We-sten, sondern von Osten her befreit werden würde. In der Sow-jetunion wurde Ende 1943 ein «Polnisches Nationalkomitee» aus kommunistischen Politikern gebildet, die für eine enge An-lehnung des zukünftigen Polen an die Sowjetunion eintraten. Angesichts der Gefahr, dass Polen nach der Befreiung durch die Rote Armee zwangsläufig sowjetisiert werden würde, ent-schloss sich die Führung der AK, den Untergrund zu verlassen.

Anfang 1944 erklärte die Exilregierung in London die AK zu offiziellen Kampfverbänden der Polnischen Republik. Kurz darauf begann die Aktion «Sturm» *(«Burza»)*; die AK sollte die zurückweichenden deutschen Verbände angreifen, die Kontrolle über die befreiten Gebiete übernehmen, um dann die sowjeti-schen Truppen aus der gleichberechtigten Position des «Haus-herrn» zu empfangen und gemeinsam den Feind weiter zu ver-folgen. In den ersten Monaten, bei der Befreiung Wolhyniens, gestaltete sich die Zusammenarbeit zwischen AK und Roter Ar-mee gut, aber die Regierung in Moskau weigerte sich, die AK offiziell als Kampfverbände anzuerkennen. Was Stalin damit bezweckte, zeigte sich ab der Jahresmitte 1944, bei den Kämp-fen im Wilnagebiet. Jetzt wandte sich die Führung der Roten Armee offen gegen die AK-Kämpfer und ließ deren Offiziere verhaften. Die Sowjetführung hatte am 22.7.1944 in Cholm (nahe Lublin) ein «Polnisches Komitee zur Nationalen Befrei-ung» als Kern einer künftigen kommunistischen Regierung für Polen installiert. Aus dem Kampf gegen die deutschen Besatzer war für die Heimatarmee ein Zweifrontenkrieg geworden.

In dieser Situation wollte die Führung der Heimatarmee zu-mindest die Hauptstadt Warschau selbstständig befreien. Am 1.8.1944 begannen ihre Soldaten den Kampf gegen die deutschen Truppen in der polnischen Hauptstadt – den «Warschauer Aufstand». In der Stadt hatte Hitler starke Truppenverbände zusammenziehen lassen, um den Vormarsch der Sowjettruppen so lange wie möglich aufzuhalten. Die Aufständischen konnten die deutschen Einheiten anfänglich überraschen und einen großen Teil des Stadtgebiets in ihre Hand bringen. Nach einigen Wochen setzten sich aber die in Zahl und Ausrüstung überlegenen deutschen Truppen durch und zwangen die Reste der Heimatarmee am 2.10.1944 zur Kapitulation. Große Teile Warschaus, einschließlich der Altstadt und des Königsschlosses, wurden dem Erdboden gleichgemacht und die Zivilbevölkerung in Konzentrationslager verschleppt.

Die sowjetischen Truppen, die bereits die östliche Stadthälfte (Praga) erreicht hatten, überschritten die Weichsel nicht und verweigerten den Westalliierten in den ersten Wochen des Aufstandes, die nahe gelegenen Flugplätze unter sowjetischer Kontrolle für Hilfslieferungen an die Aufständischen zu nutzen. Als Stalin dies am 10. September endlich erlaubte, waren die Kämpfer schon so weit zurückgedrängt, dass dies keinen Einfluss mehr auf das Ergebnis der Operation hatte.

Die Westalliierten, die USA und Großbritannien, sahen sich ohnehin nicht in der Lage, im Kampf gegen Deutschland das Bündnis mit der Sowjetunion wegen Stalins Polenpolitik in Frage zu stellen. Die polnische Exilregierung hatte dies bereits auf der Konferenz in Teheran (28.11.–1.12.1943) erfahren müssen, als Stalin die Westverschiebung Polens auf Kosten Deutschlands forderte. Zuvor schon, im April 1943, hatte die Sowjetunion, nach der Aufdeckung der Katyń-Morde, die diplomatischen Beziehungen zur Exilregierung abgebrochen. Bei einem weiteren Treffen der «großen Drei» (Churchill, Roosevelt, Stalin) in Jalta (4.–11.2.1945) setzte Stalin die Anerkennung der Demarkationslinie zwischen dem Deutschen Reich und der Sowjetunion vom 28.9.1939 – die mit geringen Änderungen auf dem Hitler-Stalin-Pakt beruhte – als «Curzon-Linie» durch. Der Exilregierung blieb lediglich der Protest, während sich in Polen allmählich die von der Sowjetführung eingesetzte Regierung des «Polnischen Nationalen Befreiungskomitees» durchsetzte.

Von der Volksrepublik (1944–1989)
zur III. Republik

Grenzverschiebung, Umsiedlung und Vertreibung

Nach dem Sieg über Deutschland wurden auf der Konferenz von Potsdam die neuen Grenzen in Ostmitteleuropa festgelegt. Polen erhielt das südliche Ostpreußen mit der Freien Stadt Danzig, Hinterpommern, die brandenburgische Neumark sowie Schlesien, also alle Gebiete östlich von Oder und Lausitzer Neiße sowie das westlich der Oder gelegene Stettin; die Sowjetunion behielt das nördliche Ostpreußen mit Königsberg und den größten Teil der 1939 annektierten Gebiete einschließlich Lembergs und Wilnas.

Die Durchsetzung der Grenzverschiebungen ging einher mit der Festigung der kommunistischen Herrschaft in Polen. Das im Sommer 1944 installierte kommunistische «Lubliner Komitee» erklärte sich am 1.1.1945 zur «Provisorischen Regierung Polens» und wurde unverzüglich von der Sowjetunion als alleinige Vertreterin Polens anerkannt. Die Kommunisten unterstützten Stalins Pläne und warben in der polnischen Bevölkerung mit dem Argument für Akzeptanz, die von Deutschland übernommenen Gebiete seien im Grunde uraltes «piastisches» Erbe, welches nun als Akt der historischen Gerechtigkeit wieder an das polnische Mutterland zurückfalle. Damit griffen die Kommunisten Losungen auf, die bereits vor dem Krieg in Teilen der polnischen Nationaldemokratie populär gewesen waren. Das künftige Polen sollte, anders als die II. Republik, ein ethnisch homogener Nationalstaat sein, der in seiner Politik nicht auf nationale Minderheiten Rücksicht zu nehmen hätte. Ohnehin waren nach den Erfahrungen der deutschen Besatzungspolitik, aber auch mit dem Verhalten zahlreicher «Volksdeutscher» während des Krieges, sämtliche relevanten politischen und gesellschaftlichen polnischen Gruppierungen überzeugt, dass ein weiteres Zusammenleben mit den Deutschen unmöglich sei.

Noch ehe im Januar 1945 die letzte große Offensive der Roten Armee begann, mit der in wenigen Wochen die zentral- und westpolnischen Gebiete von der deutschen Besatzung befreit wurden, bevor die sowjetischen und polnischen Verbände dann die Grenze des Deutschen Reiches überschritten, hatten Abertausende Deutsche die Flucht nach Westen angetreten. Im Frühjahr 1945 mischten sich letzte Evakuierungsmaßnahmen durch die deutschen Behörden und Flucht vor der herannahenden Front mit ersten Vertreibungen durch sowjetische und polnische Organe. Nach dem Ende der Kriegshandlungen übernahmen die Alliierten die Kontrolle über die Aussiedlung der deutschen Bevölkerung. Zwischen Herbst 1945 und Ende 1947 wurden über 3 Mio. Menschen aus den ehemaligen deutschen Ostprovinzen ausgesiedelt und auf die vier Besatzungszonen verteilt.

Ein Teil der Deutschen wurde zunächst zur Zwangsarbeit verpflichtet und in Lagern untergebracht, andere waren als Facharbeiter in Industrie und Bergbau unentbehrlich. Sie verließen das Land schrittweise in den folgenden Jahren oder erhielten 1951, als die Massenumsiedlungen offiziell beendet wurden, die polnische Staatsbürgerschaft.

Die zurückgelassenen Wohnungen, Höfe und Betriebe sollten polnischen Umsiedlern aus den nun sowjetisch gewordenen polnischen Ostgebieten zukommen, aber auch Polen, die in den von deutscher Besatzung zerstörten zentralpolnischen Landschaften keine Existenzgrundlage mehr besaßen. Um die Neuansiedlung zu koordinieren, wurde 1946 ein «Ministerium für die Wiedergewonnenen Gebiete» geschaffen, dem das Politbüromitglied Władysław Gomułka vorstand. Insgesamt wurden mehr als 2 Mio. Polen aus den ehemaligen Ostgebieten in den neuen Westgebieten aufgenommen, während gleichzeitig über 500 000 Ukrainer, Weißrussen und Litauer in die Sowjetunion umgesiedelt wurden. Hinzu kamen noch ca. 2 Mio. polnischstämmige Rückwanderer sowie ehemalige Kriegsgefangene und Zwangsarbeiter, die aus dem besetzten Deutschland, Westeuropa und den USA nach Polen zurückkehrten.

Widerstand gegen die Umsiedlungen wie auch gegen die Grenzziehung regte sich vor allem im Südosten Polens. Die Partisanenverbände der «Ukrainischen Aufstandsarmee» wurden allerdings bald von polnischen und sowjetischen Truppen militärisch zerschlagen, große Teile der ansässigen ukrainischen Bevölkerung in einer mit großer Härte durchgeführten Umsiedlungsaktion 1946 zerstreut und vor allem in den neuen Nord- und Westgebieten angesiedelt.

Einbindung in den sowjetischen Machtbereich

Nach der Befreiung Polens durch die Rote Armee strebten die Kommunisten konsequent danach, ihre Herrschaft im Land zu festigen. In der Regierung arbeiteten die Kommunisten offiziell mit Vertretern des Londoner Exils zusammen (u. a. dem Vorsitzenden der Bauernpartei, Stanisław Mikołajczyk). Die nichtkommunistischen Politiker wurden jedoch schrittweise isoliert und von der Herrschaft verdrängt. Als Abschluss der Machtergreifung kann die Vereinigung der kommunistischen Polnischen Arbeiterpartei mit den Sozialisten zur Polnischen Vereinigten Arbeiterpartei (PVAP) 1948 gelten. Unmittelbar vor dem Zusammenschluss kam es in der Arbeiterpartei zu einem richtungsweisenden Machtkampf, als der moskautreue Flügel um den Staatsratsvorsitzenden Bolesław Bierut den als «nationalkommunistisch» geltenden Parteichef Władysław Gomułka absetzte und ihn etwas später auch inhaftieren ließ. Mit verstärktem Terror, vor allem gegen die Kirche und den antikommunistischen Untergrund (Heimatarmee) versuchten die Kommunisten in den folgenden Jahren, allen Widerstand in der Bevölkerung zu brechen. Stalins Tod 1953 und besonders das vom sowjetischen Parteichef Chruščev 1956 eingeleitete «Tauwetter» verunsicherten die Parteiführung in Warschau. Im Juni 1956 hatte sie noch eine Demonstration von Arbeitern in Posen blutig niederschlagen lassen, im Oktober ging sie aber doch auf deren Forderungen ein. Die bisherige Partei- und Staatsführung wurde entmachtet, Gomułka aus der Haft entlassen und wieder in seine Parteiämter eingesetzt. In der Bevölkerung galt er als

Hoffnungsträger für einen von Moskau unabhängigen Kurs, ohne dass er Polens Einbindung in das sowjetische Hegemonialsystem – institutionalisiert im «Rat für gegenseitige Wirtschaftshilfe» (1949) und im «Warschauer Pakt» (1955) – in Frage gestellt hätte.

Zentrale Bedeutung für Gomułka besaß die Sicherung der polnischen Westgrenze, als deren Garant die Sowjetunion unverzichtbar schien. Die DDR hatte zwar im Görlitzer Abkommen 1950 die Oder-Neiße-Linie als Grenze anerkannt, aber die Bundesrepublik vertrat weiterhin den Standpunkt, dass erst ein Friedensvertrag mit einem vereinigten Deutschland die Grenzfrage abschließend regeln könne. Auch die Westmächte schlossen sich, zumindest offiziell, dieser Haltung an, lediglich der französische Präsident Charles de Gaulle erklärte mehrfach seine Sympathie für das polnische Anliegen. Als Mitte der 60er Jahre die Kirchen in Polen und der Bundesrepublik Schritte zur Annäherung unternahmen, reagierten die polnischen Kommunisten mit einer nationalistischen Kampagne und warfen der katholischen Kirche Verrat an den polnischen Interessen vor. Auf Regierungsebene dauerten die Kontakte zwischen Warschau und Bonn jedoch an. Bundeskanzler Willy Brandt besuchte 1970 Polen; sein Kniefall vor dem Denkmal für die Ermordeten des Warschauer Ghettos verdeutlichte den Willen, ein neues Kapitel in den Beziehungen zwischen Deutschland und Polen zu beginnen. Zwei Tage zuvor, am 7. Dezember, war in Warschau der Grundlagenvertrag unterzeichnet worden, in dem die Bundesrepublik die Unverletzlichkeit der Grenzen anerkannte.

Trotz des außenpolitischen Erfolgs musste Gomułka bereits kurz darauf zurücktreten. In Danzig und anderen Küstenstädten hatten Arbeiter gegen massive Preiserhöhungen vor Weihnachten protestiert. Als Miliz und Sondereinheiten die Demonstrationen gewaltsam niederzuschlagen versuchten, regte sich auch im engsten Führungszirkel der Partei Widerstand gegen Gomułkas Politik. Am 20.12.1970 wurde Gomułka durch den Parteisekretär von Kattowitz, Edward Gierek, ersetzt. Der neue Parteichef, der vor dem Krieg als Bergmann in Frankreich und Belgien gearbeitet hatte, setzte außenpolitisch stärker auf Öffnung zum Westen als sein Vorgänger. Der politische Entspannungskurs wurde fortgesetzt, wirtschaftlich wollte Gierek mit westlichen Krediten das Land modernisieren und den Wohlstand der Bevölkerung mehren. Leichter als zuvor konnten Polen in den 70er Jahren ins westliche Ausland reisen. Vor dort brachten sie Devisen ins Land, aber auch eigene Eindrücke, die das offizielle Bild vom «Arbeiter- und Bauernparadies» in einem anderen Licht erscheinen ließen. Nach dem Ausgleich mit Bonn war zudem die außenpolitische Bedrohung als Herrschaftslegitimation für die Kommunisten weggefallen. Und nachdem Polen Ende der 70er Jahre in eine Wirtschaftskrise geriet und Gierek nach einer erneuten Welle von Arbeiterprotesten 1980 zurücktreten musste, sahen sich seine Nachfolger einer Opposition gegenüber, die für den Propagandaapparat unerreichbar geworden war. Als General Wojciech Jaruzelski Ende 1981 den Parteivorsitz übernahm und am 13. Dezember über Polen das Kriegsrecht verhängte, blieb ihm als Begründung nur, dass er damit eine Intervention der Sowjetunion oder der Warschauer-Pakt-Staaten, sprich: Schlimmeres, verhindert hätte. Die kommunistische Partei fand in den 80er Jahren nicht wieder zu einer wirklichen Akzeptanz in der Gesellschaft, wie sie am Anfang ihrer Regierungszeit Gierek und vor allem Gomułka genossen hatten. Als 1985 die «Perestrojka» in der Sowjetunion auch die letzte Drohung hinfällig werden ließ, konnte die Partei sich dem Dialog mit der Opposition nicht länger verweigern. In den Gesprächen am «Runden Tisch» Anfang 1989 wurden «teilfreie» Wahlen vereinbart (4.6.1989). Am 13. September kam es dann zur Bildung der ersten Regierung ohne kommunistische Beteiligung seit 1945. Zwei Tage zuvor hatte Ungarn offiziell seine Grenze zu Österreich geöffnet und allen Menschen Reisefreiheit zugesichert. Beide Ereignisse markieren den Beginn der friedlichen Revolution, die im Herbst 1989 alle Länder des sowjetischen Machtbereichs in Mitteleuropa erfasste und freie und demokratische Wahlen ermöglichte.

Partei und Gesellschaft –
Innenpolitik 1945–1989

In den ersten Jahren nach dem Krieg konnte sich die kommunistische Führung auf die militärische und politische Präsenz der Sowjetunion stützen und entledigte sich bis 1948 Stück für Stück aller – in Jalta vereinbarten – Zugeständnisse an ein westliches Demokratieverständnis. Wirtschaft und Gesellschaft sollten nach sozialistischen Mustern durchstrukturiert werden. Die Einführung der Planwirtschaft und der sozialistischen Betriebsorganisation erbrachten im industriellen Wiederaufbau zunächst gute Ergebnisse. Die hohe Wertschätzung des Arbeiters und kollektive Formen der Arbeitsorganisation (die Betriebe waren nicht nur Arbeitsstellen, sondern auch Mittelpunkt des gesellschaftlichen Lebens) stießen in der überwiegend jungen, durch den Krieg oft entwurzelten und zersplitterten Bevölkerung weitgehend auf positive Resonanz. Weniger Erfolg hatte die Obrigkeit bei der Umgestaltung der Landwirtschaft. Die Kollektivierung traf in den altpolnischen Gebieten auf zähen und letztlich erfolgreichen Widerstand. Nur in den neuen Nord- und Westgebieten konnten «staatliche Landwirtschaftsbetriebe» nach dem Vorbild der sowjetischen Kolchosen errichtet werden. Der «Kampf um den Handel» 1947 schließlich erschien allein als Terrormaßnahme, die lediglich die Versorgung der Bevölkerung verschlechterte und Tausende kleiner Ladenbesitzer ihres Broterwerbs beraubte.

In den 50er Jahren wuchs der Druck auf die Industriearbeiter, die anfänglich zu den Gewinnern des neuen Systems gehört hatten. Höhere Normen und schlechtere Versorgung ließen den Unmut der «herrschenden Klasse» wachsen, vor allem als nach Stalins Tod 1953 der offene Terror der Geheimpolizei allmählich nachließ. Im Sommer 1956 – nach Beginn der «Entstalinisierung» in der Sowjetunion – erhoben sich die Arbeiter in Posen. Zu den wirtschaftlichen Postulaten gesellten sich bald – ähnlich wie zur selben Zeit in Ungarn – politische Forderungen. Die Regierung versuchte die Proteste zunächst durch Milizeinheiten niederzuschlagen, verlegte sich dann aber aufs Verhandeln und ließ zusätzliche Mittel zur Versorgung der Bevölkerung bereitstellen.

In der Partei wurde der nationalkommunistische Flügel um den 1948 abgesetzten Gomułka rehabilitiert. Dieser übernahm im Oktober 1956 die Parteiführung und reiste kurz darauf nach Moskau, wo er neben wirtschaftlichen Vergünstigungen auch die Zustimmung zur Rückkehr weiterer Polen und zur Entlassung polnischer Gefangener aus sowjetischen Arbeitslagern erhielt. Die neue Führungsriege betonte die nationale Eigenständigkeit Polens, ohne am Bündnis mit Moskau und dem Führungsanspruch der PVAP zu rütteln. Die Partei mäßigte ihren Kampf gegen die Kirche; der 1953 inhaftierte Primas Wyszyński wurde aus der Haft entlassen und konnte nach Warschau zurückkehren. Das politische «Tauwetter» dauerte allerdings nicht lange. Bereits 1957 wurden einige der gerade gewährten zivilen Freiheiten wieder zurück genommen; führende Intellektuelle wie der Schriftsteller Jerzy Andrzejewski und der Philosoph Leszek Kołakowski traten daraufhin aus der Partei aus.

Seit 1964 verschärften sich die innerparteilichen Auseinandersetzungen zwischen den älteren «Partisanen» und den jüngeren «Technokraten» (um den Kattowitzer Parteisekretär Edward Gierek). Während in der Intelligenz und besonders unter den Studenten 1967/68 der Ruf nach Liberalisierung lauter wurde (unter der Einfluss des «Prager Frühlings»), entfachten Funktionäre um den einflussreichen General Mieczysław Moczar eine antiintellektuelle und offen antisemitische Kampagne. Sie weckte Erinnerungen daran, dass auch in Polen der Antisemitismus tief verwurzelt war. Bereits kurz nach Kriegsende, im Jahre 1946, war es in Kielce zu einem Pogrom gekommen, bei dem sowohl die Sicherheitsdienste als auch die Kirche den Juden die Hilfe versagt hatten. Viele Juden, die nach dem Krieg in Polen geblieben waren, sahen jetzt keine Zukunft mehr für sich und wanderten nach Israel aus; auch zahlreiche nichtjüdische Intellektuelle wählten das Exil.

Gomułka hatte während der Studentenproteste die Repressionskampagne unterstützt, um seinen innerparteilichen Gegnern keine Gelegenheit zu geben, ihn zu stürzen. Doch die Pro-

bleme, die dem Protest zugrunde lagen – die wachsende Unzufriedenheit mit dem «realen Sozialismus» in der Bevölkerung –,
blieben ungelöst. Die Unruhen an der Küste im Dezember 1970
zwangen Gomułka schließlich zum Rücktritt.

Sein Nachfolger Edward Gierek versuchte, die Situation mit
einem neuen Kommunikationsstil unter Kontrolle zu bringen.
Er stellte seine eigene Biographie als Bergman heraus und um-
warb in den folgenden Jahren besonders die Bergleute und die
Industriearbeiterschaft, für die die 70er Jahre tatsächlich so
etwas wie eine «goldene Zeit» bedeuteten. Westliche Kredite
brachten Kapital für neue Investitionen, bei denen aber allzu
häufig eher politisch-propagandistische als ökonomische Kriterien angelegt wurden. Bald wurden die Kreditverpflichtungen
zu einer drückenden Belastung für den Staatshaushalt; unkoor-
dinierte Sanierungsinitiativen verschärften die Krise weiter, so
dass es zu ersten Versorgungsengpässen kam.

Die Partei versuchte, den Popularitätsverlust durch eine
strengere Kontrolle der Öffentlichkeit wettzumachen. Eine neue
Verfassung schrieb 1976 die «führende Rolle» der PVAP und
das Bündnis mit der Sowjetunion fest. Auf Proteste gegen Preiserhöhungen im Sommer 1976 reagierte die Staatsführung diesmal nicht mit brutaler Gewalt (alle Polizisten waren ohne
Schusswaffen), sondern mit öffentlichen Versammlungen, auf
denen die «Unruhestifter» an den Pranger gestellt wurden; zahlreiche Personen wurden von ihren Betrieben entlassen oder anderen Repressionen unterworfen. Oppositionelle Intellektuelle
gründeten daraufhin das «Komitee zur Verteidigung der Arbeiter», das erstmals eine Brücke zwischen der Arbeiterschaft und
der Intelligenz herstellte und in den folgenden Jahren zu einer
der wichtigsten Oppositionsbewegungen werden sollte.

Als am 14.8.1980 die Belegschaft der Danziger Leninwerft in
den Ausstand trat, bewährte sich diese Zusammenarbeit. Die
Streikenden erhoben nicht mehr nur ökonomische Forderungen, sondern stellten mit dem Ruf nach Zulassung freier Gewerkschaften die Grundlagen des Herrschaftssystems in Frage.
Die Parteileitung versuchte zunächst, die Bewegung zu spalten,
indem sie einige (ökonomische) Forderungen zugestand, andere

(politische) aber verweigerte oder mit lokalen Streikinitiativen getrennt zu verhandeln suchte. Diese Bemühungen scheiterten, so dass die Regierung schließlich mit dem überbetrieblichen Streikkomitee reden musste. Zur Leitfigur der neuen Bewegung und zum ersten Vorsitzenden der unabhängigen Gewerkschaft *Solidarność* wurde der Danziger Elektriker Lech Wałęsa.

Am 31.8.1980 wurde die *Solidarność* zugelassen; wenige Tage später trat Gierek nach einem Herzinfarkt von seinen Ämtern zurück. In den folgenden Monaten erlebten die Arbeiterpartei und die regierungstreuen Gewerkschaften eine Welle von Austritten, während die neuen unabhängigen Gewerkschaften bis Herbst 1981 ca. 10 Mio. Mitglieder zählten. Die Danziger Streiks bekräftigten die enge Zusammenarbeit von Intelligenz und Arbeiterschaft; sie zeigten aber auch die Bedeutung, welche die Kirche als einigende – und mäßigende – Kraft in der polnischen Gesellschaft besaß.

Als die *Solidarność* im September 1981 eine tiefgreifende Demokratisierung der Gesellschaft forderte, ging die Parteiführung auf Drängen Moskaus und der «sozialistischen Bruderparteien» auf Konfrontationskurs. Am 13.12.1981 verhängte der Ministerpräsident und neue Parteichef Wojciech Jaruzelski den Kriegszustand über Polen. Er ließ die Angehörigen der Opposition (aber auch seinen Amtsvorgänger Edward Gierek) internieren und erklärte alle unabhängigen Organisationen für aufgelöst.

Die Hoffnung auf eine «Normalisierung» erwies sich jedoch als trügerisch. Ende 1982 setzte die Regierung den Kriegszustand aus und hob ihn im Mai 1983 endgültig auf; in mehreren Amnestien wurden bis 1987 fast alle politischen Gegner aus der Haft entlassen, doch ein Vertrauen zur Obrigkeit konnte nicht wiederhergestellt werden. 1984 riss die Entführung und Ermordung des regimekritischen Priesters Jerzy Popiełuszko die Bevölkerung aus ihrer Apathie. Sein Begräbnis brachte erstmals seit dem Kriegsrecht wieder Zehntausende auf die Straßen; die Regierung musste einsehen, dass die Opposition nicht besiegt worden war. Immer weniger ließ sich die Öffentlichkeit kontrollieren. Insbesondere die Kirche schuf Freiräume und bot verfolgten Oppositionellen Schutz. Papst Johannes Paul II. (der ehem. Krakauer Erzbischof Karol Wojtyła), der seit seiner Wahl 1978 zu einer großen Hoffnung für die Opposition im Land geworden war, hielt Kontakt zur Staatsführung, ließ sich aber nicht für ihre Ziel einspannen. Schon bei seinem zweiten Besuch in der Heimat 1983 traf er demonstrativ auch Lech Wałęsa, der im selben Jahr den Friedensnobelpreis erhielt. Beide symbolisierten ein anderes, freies Polen, das nicht mehr bereit war, die Verhältnisse als unabänderlich hinzunehmen.

Wirtschaftlich hatte sich das Land nach dem Ende des Kriegsrechts nicht mehr aus der Stagnation erholt. Die Regierung debattierte über die Zulassung von privatwirtschaftlichen Elementen und wollte die Bevölkerung in einem Referendum über Wirtschaftsreformen abstimmen lassen. Ein positives Ergebnis sollte der Regierung eine neue Legitimation verleihen, doch die geringe Beteiligung bewies das tiefe Misstrauen gegenüber der Obrigkeit. Nach drastischen Preiserhöhungen wurde das Land 1988 von einer erneuten Streikwelle erfasst. Nun setzten sich die Reformer in Partei- und Staatsführung durch und erzwangen die Zustimmung zu Gesprächen mit der *Solidarność*, die auch in der Illegalität die wichtigste Oppositionskraft geblieben war. Zugleich schickte sich die Parteiführung zur Privatisierung der Wirtschaft an. Führende Funktionäre gründeten eine Reihe von «Nomenklaturgesellschaften», mit denen sie Staatsbetriebe in Privateigentum überführten. Zur selben Zeit verschärfte die unkontrollierte Inflation die Versorgungsprobleme weiter; Produzenten hielten Waren zurück, um sie außerhalb der Handelsketten gegen Devisen verkaufen zu können.

Im Januar 1989 trafen sich Vertreter von Partei und Regierung mit den bislang verfolgten Oppositionellen an einen «Runden Tisch». Im Juni fanden erste «teilfreie» Wahlen statt, in denen sich das Regierungslager zwar 65 % der Sitze (299 von 460) reserviert, die PVAP allein jedoch nur 173 Mandate (38 %) beansprucht hatte. Die Regierungsparteien errangen nicht eines von den 161 in freier Wahl vergebenen Mandaten (35 %); dies war das Signal für den Zusammenbruch der bisherigen Koalition. Nach langen Verhandlungen wurde am 13. September Tadeusz Mazowiecki zum ersten nichtkommunistischen Premierminister nach dem Zweiten Weltkrieg gewählt – mit 403 Stimmen, ohne eine Gegenstimme. Kurz zuvor war Jaruzelski noch zum Staatspräsidenten gewählt worden, hatte dabei aber bereits nicht mehr alle Stimmen der bisherigen Blockparteien erhalten. Nur die Wahlenthaltung eines Teils der bürgerlichen Abgeordneten hatte ihm die Mehrheit gesichert.

Systemwandel und wirtschaftliche Transformation

Eine der Voraussetzungen für die friedliche Ablösung des Kommunismus in Polen war die Zusage der demokratischen Opposition gewesen, einen «dicken Strich» unter die Vergangenheit zu ziehen. Der Wandel sollte evolutionär gestaltet werden, eine (strafrechtliche) Abrechnung mit der alten Regierung unterbleiben. Die Verfassung von 1976 blieb daher zunächst in Kraft, jedoch wurden die politisch nicht mehr tragbaren Abschnitte – wie der Passus über die führende Rolle der PVAP – gestrichen. Die Regierung nutzte das große Interesse, das Polen in diesen Monaten in der Weltöffentlichkeit zuteil wurde, um die außenpolitischen Beziehungen auf eine neue Grundlage zu stellen. Die USA und die Bundesrepublik Deutschland wurden zu den wichtigsten Partnern der neuen Regierung, als es darum ging, im Prozess der deutschen Vereinigung 1990 die endgültige Absicherung der polnischen Westgrenze durchzusetzen. Polen war zwar nicht an den «2+4-Verhandlungen» beteiligt, wurde aber zu den Grenzverhandlungen hinzugezogen. Bereits im Vorfeld dieser Gespräche hatte die frei gewählte DDR-Volkskammer im Frühjahr 1990 die Gültigkeit des Görlitzer Vertrags unterstrichen; auch die Bundesregierung gab in jener Zeit den «Friedensvertragsvorbehalt» auf und sprach sich entschieden für die bedingungslose Anerkennung der Oder-Neiße-Grenze aus, weil sonst die Einheit Deutschlands nicht zu erringen sei.

Besonders schwierig gestaltete sich die Transformation der Wirtschaftsordnung. In den späten 80er Jahren war der innere Markt völlig zusammengebrochen, so dass ein geregelter Übergang zur Marktwirtschaft unmöglich erschien. Finanzminister

Leszek Balcerowicz setzte daher eine «Schocktherapie» durch. Die Preise wurden völlig freigegeben, Preissubventionen abgeschafft; damit wurde Ende 1989 die über ein Jahrzehnt während Mangelwirtschaft gleichsam «über Nacht» beseitigt. Die Transformation brachte aber auch hohe soziale Kosten mit sich. Die bislang verdeckte Arbeitslosigkeit wurde offengelegt, ohne dass wirkungsvolle soziale Sicherungssysteme bereit gestanden hätten. Arbeitsminister Jacek Kuroń schuf bis Ende 1990 die Grundlagen der künftigen Arbeitslosenversicherung; das Arbeitslosengeld ist in der polnischen Sprache bis heute mit seinem Namen verbunden (*kuroniówka*).

Ende 1990 fanden vorgezogene Präsidentschaftswahlen statt, aus denen der *Solidarność*-Vorsitzende Lech Wałęsa als erster frei gewählter Präsident seit dem Zweiten Weltkrieg hervorging. Bei seiner Amtseinführung am 22.12.1990 übergab ihm der Exilpräsident Ryszard Kaczorowski die Insignien der II. Republik; Jaruzelski als letzter Präsident der Volksrepublik war bei der Zeremonie nicht zugegen, wurde aber sogleich danach von Wałęsa empfangen.

Die Entwicklung seit 1991

Am 27.10.1991 fanden die ersten völlig freien Parlamentswahlen statt, mit denen der politische Systemwechsel auch formell seinen Abschluss erreichte. Im neuen Parlament waren 29 politische Gruppierungen vertreten, wobei vor allem das bürgerliche Lager stark zersplittert war. Die Regierungsbildung gestaltete sich schwierig, die beiden nächsten Kabinette regierten jeweils nur wenige Monate. Im Mai 1993 löste Präsident Wałęsa das Parlament auf und schrieb Neuwahlen aus, in denen sich erstmals wieder eine Mehrheit aus dem postkommunistischen «Linksbündnis» (der Nachfolgerin der PVAP) und der Bauernpartei ergab. Viele bürgerliche Parteien waren an den jetzt eingeführten Prozenthürden gescheitert.

Allmählich erholte sich das Land vom Transformationsschock; die Wirtschaft wuchs und die Währung stabilisierte sich. Bei den Präsidentenwahlen 1995 setzte sich mit Alexander

Kwaśniewski ebenfalls ein «postkommunistischer» Kandidat durch. Befürchtungen über einen Kurswechsel erwiesen sich aber als unbegründet; alle wesentlichen politischen Kräfte in Polen hielten am Programm von Marktwirtschaft und Westorientierung fest.

1997 musste die Linksregierung aber erneut einer bürgerlichen Koalition weichen. In diesen Wahlen deutete sich bereits an, was seitdem zu einem Kennzeichen der politischen Landschaft in Polen geworden ist – jede Wahl bringt einschneidende Umschwünge: die bürgerliche Regierung verlor die Wahlen 2001, ebenso erging es der nachfolgenden Linksregierung 2005, als erneut eine konservative Formation ins Amt gelangte.

Auffällig dabei ist die Instabilität der politischen Gruppierungen, und zwar nicht mehr nur im bürgerlichen Lager. Trotz zahlreicher Fraktionswechsel und Parteispaltungen gelang es aber den letzten beiden Regierungen (wenn auch jeweils als Minderheitsregierung), die Legislaturperiode zu Ende zu führen. Trotz der Unbeständigkeit des Parteiensystems bildete sich in den letzten Jahren eine relativ stabile Gruppe politischer Führungspersönlichkeiten heraus, welche die polnische Politik prägen. Weiterhin jedoch finden Fraktionswechsel vor allem innerhalb des bürgerlichen oder des «postkommunistischen» Lagers statt.

Bislang noch weitgehend außerhalb des «Establishments» stehen zwei radikale Oppositionsgruppen, die bei den Wahlen jeweils zwischen 7 und 10% der Wähler auf sich vereinigen können: zum einen die von Andrzej Lepper autoritär geführte «Selbstverteidigung», die sich bereits zu Beginn der 90er Jahre an die Spitze von – zum Teil gewaltsamen – Bauerndemonstrationen stellte, zum anderen die katholisch-nationalistische «Liga der polnischen Familien» im Umkreis der Radiostation «Radio Maryja» des Thorner Redemptoristenpaters Tadeusz Rydzyk, die einen christlichen Fundamentalismus mit nationalem und antiliberalem Akzent propagiert.

Die katholische Kirche als Ganzes hingegen steht der politischen Linie von «Radio Maryja» distanziert gegenüber. Zwar hatten sich in den ersten Jahren der III. Republik Priester oft zugunsten bestimmter bürgerlicher Politiker engagiert, doch mussten sie feststellen, dass Wahlempfehlungen von der Kanzel häufig kontraproduktiv wirken. Seit 1997 ist die katholische Kirche offiziell neutral und bezieht nur dann Position, wenn es um kirchliche bzw. christliche Belange geht (z. B. in Fragen des Abtreibungsrechts).

In der Außenpolitik ist der konsequente Westintegrationskurs von Erfolg gekrönt worden. Am 12.3.1999 wurde das Land in die NATO aufgenommen, am 1.7.2004 erfolgte der Beitritt zur Europäischen Union. Im Zentrum der polnischen Diplomatie stehen die Pflege der engen Beziehungen zu den USA und die selbstgewählte Rolle als Fürsprecher der östlichen Nachbarn Polens, insbesondere der Ukraine, aber auch der demokratischen Opposition in Weißrussland.

Das Verhältnis zu Deutschland hat sich in den letzten 16 Jahren im ganzen sehr positiv entwickelt. Aus einer feindlichen Macht ist ein verlässlicher Nachbar geworden, der die europäische und atlantische Integration Polens tatkräftig gefördert hat. Auch wenn es vor dem Hintergrund der Geschichte immer wieder einmal zu Irritationen kommt (wie bei der Frage nach Entschädigungszahlungen für osteuropäische Zwangsarbeiter 1999/2000 oder unlängst bei den Diskussionen um die Pläne für ein «Zentrum gegen Vertreibungen»), so ist in dieser Zeit auch ein Netz von Kontakten gewachsen, das es ermöglicht, den Standpunkt des Anderen besser kennenzulernen und eigene (Vor-)Urteile immer wieder neu zu hinterfragen.

Ausgewählte Literatur

Alexander, Manfred: Kleine Geschichte Polens, Stuttgart 2003

Beyrau, Dietrich/Lindner, Rainer (Hrsg.): Handbuch der Geschichte Weiß-russlands, Göttingen 2001

Boockmann, Hartmut: Der Deutsche Orden. Zwölf Kapitel aus seiner Ge-schichte, München 41994

Borodziej, Włodzimierz/Lemberg, Hans (Hrsg.): «Unsere Heimat ist uns ein fremdes Land geworden ...» Die Deutschen östlich von Oder und Neiße 1945–1950. Dokumente aus polnischen Archiven. Bd. I–IV, Marburg 2001–2004

Borodziej, Włodzimierz: Der Warschauer Aufstand 1944, Frankfurt/Main 2001

Chwalba, Andrzej: Historia Polski 1795–1918, Kraków 2000

Davies, Norman: Im Herzen Europas. Geschichte Polens, München 2000

Grodziski, Stanisław (Hg.): Wielka Historia Polski, 10 Bde., Kraków 1998–2003

Guesnet, François: Polnische Juden im 19. Jahrhundert, Köln, Wien 1998

Haumann, Heiko: Geschichte der Ostjuden, München 41998

Hellmann, Manfred: Daten der polnischen Geschichte, München 1985

Hellmann, Manfred: Grundzüge der Geschichte Litauens und des litaui-schen Volkes, Darmstadt 41990

Hoensch, Jörg K.: Geschichte Polens, Stuttgart 31998

Hundert, Gershon: Jews in Poland-Lithuania in the Eighteenth Century. A Genealogy of Modernity. Berkeley, CA 2003

Jaworski, Rudolf/Lübke, Christian/Müller, Michael G.: Kleine Geschichte Polens, Frankfurt/Main 2000

Kappeler, Andreas: Kleine Geschichte der Ukraine, München 22000

Kühne, Hartmut: Das Jahrzehnt der Solidarność. Die politische Geschichte Polens 1980–1990, Berlin 1999

Lübke, Christian: Das östliche Europa [Die Deutschen und das europäische Mittelalter], Berlin 2004

Pradetto, August: Bürokratische Anarchie. Der Niedergang des polnischen «Realsozialismus», Wien u. a. 1992

Wyczański, Andrzej: Polen als Adelsrepublik, Osnabrück 2001

Zernack, Klaus: Polen und Rußland. Zwei Wege in der europäischen Ge-schichte, Berlin 1994

Ziemer, Klaus: Polens Weg in die Krise. Eine politische Soziologie der «Ära Gierek», Frankfurt/M. 1987

Personenregister

Adalbert, Hl. 11
Albrecht von Habsburg,
  Kg. von Ungarn 23
Albrecht von Hohen-
  zollern-Ansbach, HM
  d. Deutschen Ordens,
  Hz. von Preußen 33
Alexander, lit. Großfürst
  24
Alexander I., Zar 55, 58,
  60
Alexander II., Zar 65, 67
Alexander III., Zar 78
Altenstein, Karl, Frhr. 67
Andrzejewski, Jerzy 117
August II., «der Starke»,
  poln. Kg. 43–45, 48
August III., poln. Kg. 45,
  47 f.

Balcerowicz, Leszek 121
Bezprym 12
Bierut, Bolesław 113
Bismarck, Otto v. 73
Boleslav Hz. von Böhmen
  10
Bolesław Chrobry (der
  Tapfere), poln. Hz. 11 f.
Bolesław II. Śmiały (der
  Kühne), poln. Hz. 12
Bolesław III. Krzywousty
  («Schiefmund»), poln.
  Hz. 12 f.
Bolesław IV. Kędzierzawy
  («Kraushaar»), Hz. von
  Masowien 14
Bolesław Pobożny (der
  Fromme), Hz. von
  Großpolen-Kalisch 15
Brandt, Willy 114

Caprivi, Leo v. 86
Chłopicki, Józef 60 f.

Chmielnicki, Bogdan 40
Chruščev, Nikita 113
Churchill, Winston 110
Conti, Louis François, frz.
  Prinz 43, 45
Czartoryski, Adam (d. Ä.)
  55
Czartoryski, Adam Jerzy
  61, 63

Dąbrowski, Jan Henryk
  53
Dmowski, Roman 78, 87,
  90, 92, 96, 98, 101
Drzymała, Michał 73
Dubrava (Gattin Miesz-
  kos I.) 10

Flottwell, Eduard 62, 67
Franz Joseph, österr. Ks.
  89 f.
Friedrich August von
  Sachsen, Kurfürst
  s. August II.
Friedrich August von
  Sachsen, Kg. 55
Friedrich II., preuß. Kg.
  45, 49
Friedrich Wilhelm III.,
  preuß. Kg. 59, 62
Friedrich Wilhelm IV.,
  preuß. Kg. 62, 67
Friedrich Wilhelm I., Kg.
  von Brandenburg-
  Preußen 44

Gaulle, Charles de 114
Gero, sächs. Markgraf
  10
Gierek, Edward 114 f.,
  117–119
Gomułka, Władysław
  112–115, 117 f.

Grabski, Władysław 97
Gustav Adolf, schwed. Kg.
  37

Haller, Stanisław, General
  90
Heinrich II., dt. Ks. 11
Heinrich von Preußen,
  Prinz 49
Heinrich von Valois 37
Henryk, Hz. von Klein-
  polen-Sandomierz 14
Henryk Brodaty (Heinrich
  der Bärtige), Hz. von
  Schlesien 14 f.
Henryk II., Hz. von Schle-
  sien 14
Hindenburg, Paul v. 89
Hitler, Adolf 103, 110
Hosius, Stanislaw, Bf. 34

Jadwiga (Hedwig), Kgin.
  21 f.
Jagiełło (Jogaila)
  s. Władysław Jagiełło
Jan III. Sobieski 36, 42 f.,
  80
Jan Kazimierz, poln. Kg.
  40–42
Jan Olbracht, poln. Kg.
  24 f.
Jaruzelski, Wojciech 115,
  119, 121 f.
Johann III., schwed. Kg.
Johann, böhm. Kg. 20
Johannes Paul II. (Karol
  Wojtyła) 120

Kaczorowski, Ryszard
  122
Karl IV., dt. Ks. 21
Karl IX., frz. Kg. 37
Karl IX., schwed. Kg. 37

Katharina II., Zarin 45, 48 f., 52, 54
Kazimierz, Hz. 12
Kazimierz II., Hz. von Kleinpolen 14 f.
Kazimierz III. (der Große), poln. Kg. 20–22, 27
Kazimierz IV., poln. Kg. 24 f., 29
Kołakowski, Leszek 117
Konopnicka, Maria 81 f.
Konrad I., Hz. von Masowien 15
Konstantin, russ. Großfürst 60
Kościuszko, Tadeusz 52 f., 65
Kuroń, Jacek 122
Kwaśniewski, Alexander 122

Lelewel, Joachim 64
Lepper, Andrzej 123
Leszek Biały (der Weiße), Hz. 15
Lobkovitz, August Longin v., Fürst 59
Ludwig der Große, Kg. von Ungarn 21 f.
Luther, Martin 33
Luxemburg, Rosa 78

Marchlewski, Julian 78
Matejko, Jan 81
Mazowiecki, Tadeusz 120
Mazzini, Giuseppe 64
Mickiewicz, Adam 63 f., 80, 83
Mieszko, [I.], poln. Hz. 10 f.
Mieszko II., poln. Kg. 11
Mieszko III., poln. Hz. 14 f.
Mikołajczyk, Stanisław 113
Moczar, Mieczysław 117
Mościcki, Ignacy 97

Napoleon Bonaparte 53, 55–57

Nikolaj I., Zar 61, 65
Nikolaj II., Zar 86, 88
Novosil'cev, Nikolaj N. 60

Ossoliński, Józef Maksymilian 67
Otto III., dt. Ks. 11

Paderewski, Ignacy 90
Paskevič , Ivan F. 62
Paul I., Zar 54 f.
Peter I., Zar 43 f.
Piast 9
Piłsudski, Józef 78, 89–93, 96–98, 102
Plater, Emilia 82
Poniatowski, Józef 52, 56
Popiel 10
Popiełuszko, Jerzy 119
Prus, Bolesław 80 f.
Przemysł I., Hz. von Großpolen-Posen 15
Przemysł II., Hz. von Großpolen 15

Radziwiłł, Janusz 40
Richeza (Gemahlin Mieszkos II.) 11
Roosevelt, Theodore 110
Rydzyk, Tadeusz 123

Ševčenko, Taras 84
Sienkiewicz, Henryk 81
Sikorski, Władysław 108
Skarga, Piotr 34
Sobieski, Jakub 43
Stackelberg, Otto Magnus von 50
Stalin, Josef 110 f.
Stanisław, Bf. v. Krakau 12
Stanisław August Poniatowski, poln. Kg. 48, 50–53
Stefan Batory, poln. Kg. 36 f.
Stefan Dušan 21

Unger, Bf. v. Posen 11

Vytautas s. Witowt

Wacław, Hz. von Masowien-Płock 20
Waldemar Atterdag, dän. Kg. 21
Wałęsa, Lech 119 f., 122
Wenzel II., böhm. Hz. 19
Wenzel III. , böhm. Hz. 20
Wilhelm II., dt. Ks. 44, 88 f., 91
Wilson, Thomas W. 90
Wiśniowiecki, Jarema 39
Wiśniowiecki, Michał Korybut, poln. Kg. 42
Witos, Wincenty 78, 96
Witowt (Vytautas), lit. Großfürst 22 f., 26, 85
Władysław Herman, poln. Hz. 12
Władysław II., poln. Hz. 13 f.
Władysław III., poln. Kg. 23
Władysław IV. , poln. Kg. 24, 38
Władysław II. Jagiełło, poln. Kg., lit Großfürst 21–23, 26 f.
Władysław (I.) Łokietek («Ellenlang»), poln. Kg. 19 f., 27
Władysław Odonicz, Hz. von Großpolen 15
Wybicki, Józef 53
Wyszyński, Primas 117

Zajączek, Józef 58
Zamojski, Andrzej 51
Zamoyski, Jan 36–38
Zygmunt I. , poln. Kg. 29, 31, 33
Zygmunt II. August, poln. Kg. 29, 33, 35–37
Zygmunt III. Wasa, poln. Kg. 34, 36–38

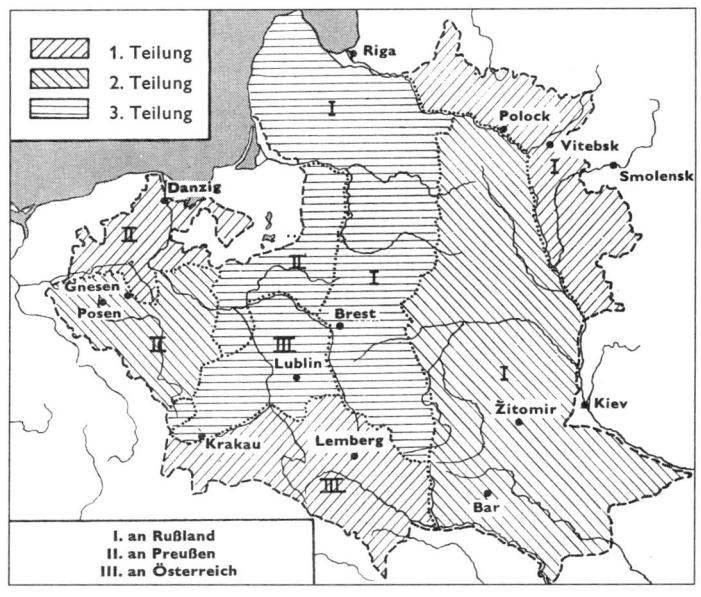

Die Teilungen Polen-Litauens
1772, 1793, 1795

Legend:

1. Teilung
2. Teilung
3. Teilung

I. an Rußland
II. an Preußen
III. an Österreich

Places: Riga, Polock, Vitebsk, Smolensk, Danzig, Gnesen, Posen, Brest, Lublin, Žitomir, Kiev, Krakau, Lemberg, Bar